Comunicação e liderança

Proibida a reprodução total ou parcial em qualquer mídia
sem a autorização escrita da editora.
Os infratores estão sujeitos às penas da lei.

A Editora não é responsável pelo conteúdo deste livro.
Os Autores conhecem os fatos narrados, pelos quais são responsáveis,
assim como se responsabilizam pelos juízos emitidos.

Consulte nosso catálogo completo e últimos lançamentos em *www.editoracontexto.com.br*.

Comunicação e liderança

LENY
KYRILLOS

CARLOS
ALBERTO
SARDENBERG

Copyright © 2019 dos Autores

Todos os direitos desta edição reservados à
Editora Contexto (Editora Pinsky Ltda.)

Capa e diagramação
Gustavo S. Vilas Boas

Coordenação de textos
Luciana Pinsky

Preparação de textos
Lilian Aquino

Revisão
Daniela Marini Iwamoto

Dados Internacionais de Catalogação na Publicação (CIP)

Kyrillos, Leny
Comunicação e liderança / Leny Kyrillos e
Carlos Alberto Sardenberg. – 1. ed., 2ª reimpressão. –
São Paulo : Contexto, 2025.
224 p.

ISBN: 978-85-520-0147-8

1. Comunicação 2. Liderança 3. Comunicação na administração
de pessoal 4. Comportamento organizacional 5. Comunicação
interpessoal I. Título II. Sardenberg, Carlos Alberto

19-0882   CDD 658.4092

Angélica Ilacqua CRB-8/7057

Índices para catálogo sistemático:
1. Comunicação e carreira

2025

EDITORA CONTEXTO
Diretor editorial: *Jaime Pinsky*

Rua Dr. José Elias, 520 – Alto da Lapa
05083-030 – São Paulo – SP
PABX: (11) 3832 5838
contato@editoracontexto.com.br
www.editoracontexto.com.br

SUMÁRIO

Prefácio	**9**
Introdução	**11**
Comunicação e liderança	**16**
Comunicação: habilidade desejada	17
A hora do *feedback*	20
Chefe sem firmeza	23
Líderes que inspiram	26
Relacionamento e produtividade	30
Inteligência relacional	33
Síndrome da superioridade ilusória	36
Líderes introvertidos	38
Comportamento passivo-agressivo	40
Mulheres em postos de liderança	42

Comunicação e carreira	**46**
Andar da conversa	47
Festa da firma	51
Como parecer inteligente	53
Entrevista de emprego	57
Networking	63
Procrastinação	66
Capacidade de aprendizado	70
Segurança para se expor	72
Profissionais de saúde	74
Assertividade x rudeza	77
Inteligência emocional e carreira	79
Fala motivada	82
Autoridade e poder	84
Erros no uso da língua	85
Comunicação e negócios	**90**
Idade mídia	91
Relações com o consumidor	93
Empresas com "hormônios do bem"	97
E-mail x presencial	98
Crise de reputação	102
Sinais além das palavras	105
Gênero na inteligência artificial	109
Viés inconsciente	112
Gestores de sonhos	116

Comunicação interpessoal   **120**

Mentiras no convívio social   121

Simplicidade eficiente   125

Nada substitui o olho no olho   127

Ano-novo   130

Expressões que confundem   132

Contar histórias   134

Comunicação não violenta   137

Gerir o estresse   140

Comunicação não verbal   144

Trabalho de voz para pessoa tímida   147

Cinco fases da perda   150

Maneiras de persuasão   153

Comunicação a distância   156

Melhorar o carisma   158

Conversas superficiais   160

Mostramos a imagem em que acreditamos   163

Fugir de exposição   166

Medo de falar em público   169

Nas redes sociais   171

Saúde e bem-estar   **174**

Inimigos da voz   175

"R" sem erro   179

Cadê o sono?   182

Dicas quentes   184

O perigo que vem do frio   187

Muda vocal   190

Envelhecer com saúde   192

Canto lírico   193

Gagueira   196

O trabalho do fonoaudiólogo   198

Nossa voz nos escancara para o mundo   202

Alterações de voz   204

A voz dos transgêneros   207

Esquizofrenia   210

Problemas de comunicação   213

Cuidados no Carnaval   215

Os autores   219

PREFÁCIO

Nunca se falou tanto. Nunca se ouviu tão pouco. Nunca recebemos tanta informação, mas nunca nos desentendemos tanto. Uns com os outros, nós com nós mesmos. Tudo muda, tudo muda rápido demais. E comunicar-se não é mais uma opção. É inevitável. Pelas redes, em público, no jantar de família, com um filho e com os pais. A verdadeira liberdade é se saber quem é e assim encontrar o mundo, expressar-se sem medo para, quem sabe, mudar de ideia. Leny Kyrillos e Carlos Alberto Sardenberg nos ensinam aqui a entender melhor o mundo da palavra para que possamos libertar o mundo do pensamento. Os termos certos e errados, antigos e atuais, a sigla correta, como melhorar a voz e ganhar clareza na fala. Lidar com o medo de falar em público, não deixar o nervosismo ou a emoção atrapalharem, fazer deles amigos íntimos. Porque é preciso respirar, domar esse ritmo alucinante que nos deixa ofegantes; é preciso reaprender a respirar para não se deixar vencer pela avalanche da mudança, da correria do dia a dia, do trânsito, do cansaço, da vida moderna, da tecnologia que nos deixa aflitos sem entendermos por quê.

Leny, com seu conhecimento e paixão pelo tema, tem a clareza e o didatismo certo, afinado ao longo de uma trajetória profissional sempre em evolução, agregando conhecimento, sem parar no tempo. Trabalhou e trabalha com os melhores profissionais da comunicação, jornalistas, artistas, empresários. Carlos Alberto Sardenberg tem a inteligência que traduz qualquer assunto, e o carisma que faz de qualquer encontro um momento especial, pessoal e interessante.

Um encontro desses, com o perdão do trocadilho, fala por si só. Existe uma máxima que diz que muitas vezes "as pessoas entendem só o que querem entender" ou que "ninguém quer ouvir mais nada". Ou "só falo com quem concorda comigo". Talvez seja verdade. Eu acho que não.

Seja como for, vamos fazer nossa parte. Falar melhor para ouvir melhor. Porque do entendimento temos a mudança, o progresso, a paz e, quem sabe, a felicidade.

Dan Stulbach

INTRODUÇÃO

Comunicação é uma competência cada vez mais valorizada. Por meio dela nós construímos percepção, tocamos o nosso interlocutor, nos expomos, alcançamos o outro. Produzimos impacto já nos primeiros segundos de conversa; fazemos isso de modo inconsciente e geramos reação! As reações obtidas determinam o alcance dos nossos objetivos ou não, a realização das nossas metas, as maiores ou menores oportunidades pessoais e profissionais.

Quem se comunica bem é mais feliz! Gera menos mal-entendidos, mobiliza mais as pessoas, obtém melhores resultados. Estamos falando, porém, de uma condição delicada. Comunicar envolve exposição, ficar em evidência, ser naquele momento o centro das atenções. E, também, saber quem é nosso interlocutor, com quem estamos falando. Claro que quem se coloca nesse lugar está sendo avaliado, julgado, e isso é sempre desconfortável. Algumas vezes esse desconforto fica sob controle, é leve; em outras, chega a incomodar, nos deixa tensos. E, em alguns casos, pode nos imobilizar, impedir de nos expressarmos claramente, nos levar à perda de oportunidades que poderiam ser ricas e desafiadoras!

E as pessoas cada vez têm mais consciência da importância de cuidar da comunicação em seu trabalho. Como? Dividimos o livro em cinco grupos principais.

O primeiro é "Comunicação e liderança". Nele, destacamos características dos líderes de sucesso e insucesso, produtividade no trabalho, adesão às propostas, líderes que inspiram. Falamos também sobre os diferentes tipos de pessoas que lideram, como jovens, mulheres, introvertidos/extrovertidos, perfis e comportamentos. E também analisamos comportamento dos líderes em situações específicas, como a realização de *feedbacks*.

A segunda parte, "Comunicação e carreira", engloba o comportamento das pessoas em suas relações de trabalho: entrevistas de emprego, festas na firma, contato com os superiores, pares e subordinados. Abordamos também a importância da assertividade, da inteligência emocional, e a necessidade de atrair e manter a atenção das pessoas com quem interagimos, para o alcance dos nossos objetivos. Aqui, o conceito do *elevator pitch* (aquela conversa rápida, oportunidade breve de falarmos sobre nós e despertarmos interesse) e de um consistente *networking* auxiliam o desenvolvimento de uma atuação profissional e eficiente.

Em seguida vem "Comunicação e negócios". O foco aqui é mais amplo, e envolve a comunicação com públicos externos, como a relação com os consumidores dos produtos e serviços, a exposição na mídia. Chamamos a atenção para a importância da reputação e para o risco dos vieses inconscientes em nossos contatos.

A quarta parte, "Comunicação interpessoal", chama a atenção para características necessárias ao bom desempenho de nossa comunicação, como a empatia, a simplicidade, o carisma, a persuasão. Falamos também sobre os riscos da mentira, a distração pelas barreiras verbais, o comportamento nas redes sociais construindo percepção nesse mundo de exposição tão ampla e tão valorizada. Discutimos sobre o estresse em suas diferentes formas e impactos. Abordamos o conceito de comunicação violenta e chamamos a atenção sobre a importância de sermos bons contadores de histórias.

No último bloco, "Saúde e bem-estar", discorremos sobre as características de uma comunicação eficiente ou não, considerando o uso da voz, a articulação dos sons, a fluência de fala e a elaboração das nossas mensagens. É aqui também que discutimos curiosidades sobre a voz cantada, os inimigos da voz, a importância do sono. E consideramos o desenvolvimento da voz desde o nascimento, o período da muda vocal, a voz adulta e seu envelhecimento.

Para mim, pensar, elaborar e preparar temas sobre uma área que me interessa tanto, e ter a oportunidade de discuti-los com alguém tão especial como o jornalista Carlos Alberto Sardenberg, é um presente maravilhoso.

Este livro tem como base a coluna que apresentamos na Rádio CBN.

Em 2014, a convite da então diretora da Rádio CBN, Mariza Tavares, a quem agradeço de modo especial, eu e o Sardenberg passamos a conversar todas as sextas-feiras, no programa CBN *Brasil*, sobre o tema Comunicação e Liderança. Rapidamente passamos a ter a participação ativa de ouvintes, fazendo perguntas, propondo temas, sugerindo questões. Durante todo esse período, tivemos retornos surpreendentes e interessantes, o que nos motivou cada vez mais a diversificar, aprofundar as questões e organizar as propostas.

Logo passamos a receber pedidos para que publicássemos as nossas conversas. Passamos, então, a transcrever os boletins e iniciamos a organização de um amplo material, repleto de exemplos e muito baseado na participação efetiva dos ouvintes.

Ao saber da nossa intenção, Ricardo Gandour, atual diretor da rádio, apoiou totalmente nosso projeto e favoreceu a sua execução.

Como você, leitor, perceberá, fizemos questão de manter no livro o tom de conversa, para garantir, por meio da leitura leve, a mesma conexão que percebemos na coluna da rádio. Na grande maioria dos textos, meu interlocutor foi o Sardenberg. Mas há casos em que outros jornalistas da rádio foram meus parceiros. Para que a identificação se torne fácil, colocamos o nome por extenso na primeira aparição de cada texto. Gostaria de agradecer, então, à querida Cássia Godoy, nossa interlocutora mais frequente, pela participação sempre interessada, envolvida, valiosa e muito pertinente, que tanto engrandece as nossas conversas. Às queridas Débora Freitas, Carolina Morand e Evelin Argenta, sempre abertas aos temas propostos e dispostas a interagirem conosco de modo simpático e colaborativo, assim como os queridos Fernando Andrade e Roberto Nonato.

Agradeço imensamente à querida Joyce Murasaki, produtora do CBN *Brasil* e coordenadora, pelo interesse, pela atenção e pela boa vontade na escolha dos temas, na participação ativa nas discussões preliminares e por tornar os nossos encontros tão agradáveis. Agradeço ao jornalista Paulo Jebaili pela transcrição competente e cuidadosa dos áudios de nossos podcasts.

A participação dos nossos ouvintes, a troca de ideias que antecede cada entrada no ar e os retornos que obtemos mostram o tanto que nosso tema é sensível e aplicável nas diferentes situações, por diferentes pessoas, que por meio de uma comunicação eficiente conseguem liderar sua carreira, sua história, sua vida.

Espero que você identifique aqui parte da satisfação e da riqueza de aprendizagem que eu, Sardenberg e ouvintes, a quem muito respeitamos, vivenciamos e praticamos a cada sexta-feira.

Comunicação é a minha paixão, e o que me move é o amor e a alegria em aprender e compartilhar conhecimento que nos permita fazer, cada vez mais, melhores escolhas.

Boa leitura! E que a boa comunicação seja a ponte para muitas realizações.

Leny Kyrillos

Nota do Sardenberg:

E para mim, o boletim *Comunicação e liderança* tem sido um aprendizado. Além da satisfação em colocar no ar uma conversa culta, interessante e, ao mesmo tempo, numa linguagem que os ouvintes aprovam. Em outras palavras, andei fazendo a lição de casa com a Leny, que, além de tudo, cuida de nossas vozes e interpretações.

Carlos Alberto Sardenberg

Comunicação e liderança

16

COMUNICAÇÃO:
HABILIDADE DESEJADA

Sardenberg – Para ganhar uma promoção, é necessário se comunicar bem?

Leny – Uma reportagem publicada na revista *Você S.A.* mostrou o grande levantamento feito pela revista *Mapcon*, que analisou 288 páginas de relatórios, nacionais e internacionais, preparados pelo Fórum Econômico Mundial, Gartner, Capgemini e Falconi. Eles ouviram mais de 14.000 pessoas, de cerca de 1.000 empresas, em 130 países. Bastante amplo! Foram selecionadas a partir disso as cinco habilidades mais valorizadas.

Comunicação foi a primeira citada, praticamente unanimidade entre as pessoas que responderam, que eram líderes e empregados das empresas.

S – Quando falamos de comunicação, como uma habilidade bastante requerida, nós estamos falando de que tipo de comunicação?

L – Isso é o resultado desse mundo novo que estamos vivendo, ultraconectado, com informações em quantidade surpreendente. Uma pessoa para se dar bem num determinado ambiente profissional, precisa ter, em primeiro lugar, destreza para administrar um volume imenso de informação. Ela precisa também ser capaz de avaliar essas informações, de consolidar, de identificar as que são relevantes, de descartar as que não são relevantes. E, acima de tudo, ser capaz de transmitir bem essas mensagens para os públicos com quem ela convive. Antes era mais fácil, porque existia uma hierarquia muito clara. O líder mandava e os outros obedeciam. Hoje isso é muito mais compartilhado. Então, quanto mais as pessoas tiverem a noção do que a instituição busca, daquilo que ela tem como propósito, melhor elas podem atuar.

S – Então estamos falando de receber informação e de transmitir informação?

L – Eles colocam dois pontos. Primeiro, uma fala assertiva, que permita que cada um consiga expressar claramente aquilo que necessita, a forma como pensa e o que busca do outro. A segunda parte da história é a escuta ativa. Significa ouvir genuinamente as pessoas para conseguir identificar a melhor forma de abordá-las, de uma maneira personalizada. Por exemplo, num *feedback*, é fundamental quando o profissional vai levar ao outro as informações para o desenvolvimento dele, que ele entenda qual é a forma mais efetiva de abordá-lo.

S – Você mencionou que, nesse grande levantamento, eles apontaram que a comunicação é a habilidade mais requerida entre as cinco principais. As demais têm alguma relação com comunicação?

L – Sim. A habilidade número dois é solução de problemas. Passa por uma questão de você ver uma situação como uma oportunidade e, para isso, precisa ter capacidade de análise e entender o que está acontecendo. O que tem tudo a ver com interagir com os outros. A habilidade três: atenção aos detalhes. Na era digital, a pessoa tem que ter uma noção menos simplista, menos rasa das coisas e precisa identificar esses detalhes. Tudo a ver com capacidade de argumentação. A quarta é o pensamento digital, que é o conhecimento das tecnologias, e isso envolve aprendizagem. E a última é o poder de adaptação. Numa fase de transformações muito velozes, nós precisamos ter flexibilidade e afinar as demandas com as equipes.

A HORA DO *FEEDBACK*

Sardenberg – Uma situação muito comum nas empresas hoje é a devolutiva, o *feedback*. Quando a liderança vai passar ao subordinado a avaliação do desempenho dele. É uma situação complicada tanto para quem avalia quanto para quem está sendo avaliado. E existem regras, você não pode chegar: "Pô, você está fazendo tudo errado!".

Leny – Assim não se atinge nem o objetivo do *feedback*, que é modificar um comportamento para levar a um melhor resultado. Para isso, é preciso a cooperação, o envolvimento do outro. É uma situação de risco, porque lida com uma condição muito desconfortável para qualquer um. Quando se está sendo avaliado por alguma atitude, não é muito tranquilo receber um retorno negativo. Claro que quando a notícia for boa, a pessoa vai gostar. Se o líder for capaz de estabelecer condições para fazer isso, ter alguns cuidados na forma de comunicar, pode atingir muito melhor esse objetivo, sem ferir suscetibilidades, sem fazer com que o outro se sinta desencorajado. O que se busca é ressignificar experiências.

S – Como o líder deve se comportar?

L – O líder tem um papel muito importante nesse processo. Ele deve ser inspirador, motivador, e, para isso, precisa de dados bastante objetivos sempre que for dar um *feedback* para um profissional. Ele deve se ater inicialmente à descrição do comportamento. Fazer isso sem julgamentos, sem juízo de valor, sem qualificar. Ele deve simplesmente descrever a ação.

S – Ele não pode dizer que o sujeito é vagabundo.

L – Em vez de ele usar esse termo, deve descrever os comportamentos. Ele pode dizer, por exemplo: "Olha, eu fiz um levantamento e, no último mês, de 12 projetos que coloquei sob sua responsabilidade, você só conseguiu me entregar quatro". Pronto, esse é um dado objetivo e estou fazendo uma referência a uma ação, a uma situação específica, sem julgar, sem qualificar. Na sequência, ele deve dizer no que aquilo está impactando o trabalho e a empresa como um todo. Numa situação dessas, existem clientes insatisfeitos, pessoas que ficaram com o trabalho truncado por falta de continuidade da parte do subordinado e isso tem de vir à tona. Nesse momento, também é interessante que o líder fale do seu sentimento em relação àquela situação. "Considerando isso, você faz parte da minha equipe, e eu me sinto frustrado com esse tipo de situação, que eu não gostaria que acontecesse." E, muito rapidamente, o líder já deve dar sugestões para que haja a melhoria. "O que você pensa sobre isso? Se tivéssemos um prazo diferente ou se você fosse desobrigado de outras coisas para focar mais no projeto em especial...". A ideia é finalizar esse *feedback* com sugestões que venham de propostas dos dois lados, porque isso desperta no subordinado a vontade de participar, de se sentir envolvido.

S – E como eu, que estou sendo avaliado, devo me comportar?

L – Você, como profissional, tem de entender que as situações de retorno de rendimento, de desempenho são situações bastante proveitosas. Têm um potencial imenso de te ajudar efetivamente. E se você encara isso de um modo profissional, sabendo que trabalha num contexto maior, em que cada uma das partes deve fazer bem o seu papel para que o resultado geral seja bom, já se predispõe a ouvir de modo mais assertivo. Isso significa identificar claramente o que o outro está dizendo sem que faça juízo de valor e sem que você fique tentando se justificar, se desculpar.

S – Achar que o outro está perseguindo.

L – Isso é muito frequente. Se o líder vai se colocar nessa condição e o liderado fica: "Não, mas espera um pouco, na semana passada eu não estava muito bem... espera aí, eu estou com problemas". Se ele assume essa postura defensiva, demonstra menos profissionalismo. A forma como você recebe é muito importante, entendendo a necessidade de ouvir aquelas informações e procurar imediatamente transformá-las em propostas de mudança, porque aí você vai se tornar um profissional melhor. Hoje o mundo empresarial exige isso da gente o tempo todo.

É importante que a gente ouça as pessoas e aproveite essa experiência. Outro cuidado que quem vai dar o *feedback* deve ter é com o uso das palavras. Evitar termos pesados, como o desempenho foi "péssimo", "sofrível", coisas desse tipo. E um cuidado também em relação ao "mas". Muitas vezes o líder começa o *feedback* falando das coisas positivas, o que pode ser bacana, e depois estraga com alguma frase que desmerece tudo o que disse antes. É mais interessante complementar a informação ou até pontuar que ele vai começar o *feedback* falando primeiro das características positivas para depois falar das negativas. O "mas" pode provocar uma reação de quebra de tudo aquilo que foi dito anteriormente.

CHEFE SEM FIRMEZA

Sardenberg – Há o chefe que não sabe mandar ou aquele que manda e ninguém obedece. De quem é a culpa: dos liderados que falam "ah, não tô nem aí para esse cara" ou do chefe?

Leny – Do chefe. O papel principal do líder é motivar e inspirar as pessoas à ação, fazer com que elas ajam de acordo com aquilo que está sendo proposto. O papel do líder é extremamente proativo, e quando as coisas não acontecem do jeito que devem é porque esse líder não soube liderar.

S – Você tem uma pesquisa que mostra os principais erros e um deles tem a ver diretamente com comunicação.

L – Três de sete erros têm a ver com comunicação. Foi uma pesquisa feita pela professora dos cursos de MBA da FGV, Mara Becker. A principal mensagem dela é que o líder precisa saber falar e ouvir. E diz que quando as pessoas não cumprem aquilo que é proposto, a dificuldade está no líder. O líder precisa ter a habilidade de transmitir mensagens claras, objetivas e coerentes. Mas ela aponta erros que podem dificultar esse processo. O primeiro erro é não dar o exemplo. A fala é muito importante, mas se é destituída de firmeza, de veracidade, de ações coerentes, não convence. E não adianta embalar bonitinho. Os liderados precisam ter confiança no líder.

S – E exemplo é o tempo todo.

L – O segundo erro é não saber ouvir. É muito fácil dizer: "Me dê a sua opinião" e ficar pensando no que vai fazer depois, em contra-argumentar e não ouvir efetivamente. A escuta ativa é fundamental. Como fazemos isso? Demonstrando claramente a nossa boa vontade em acolher a mensagem do outro, em dar importância àquilo que está sendo dito. E promover *feedbacks* regulares e formais. Estabelecer um vínculo que favoreça essa interação. O terceiro erro é não oferecer desafios à equipe. Muitas vezes o líder menospreza a capacidade dos liderados. Eles se sentem pouco motivados porque não existe um claro estabelecimento de metas. O quarto erro é o contrário disso, é desafiar demais. Às vezes, o líder vai propor algo que não está ao alcance.

S – Isso acontece muito. A direção da empresa chega e fala "a meta deste ano é aumentar o faturamento em 25%". Numa economia deprimida, cheia de dificuldade, não vai dar de jeito nenhum.

L – O quinto erro é usar sempre o mesmo canal de comunicação. A neurolinguística nos mostra que as pessoas tendem a ser mais auditivas, mais visuais ou mais sinestésicas. São pessoas que apreendem melhor quando ouvem uma informação, quando veem uma informação ou quando são capazes de sentir essa informação. Por exemplo, eu posso trazer as informações só auditivamente, eu posso falar "a partir de hoje, quero que aconteça desse modo". Eu posso, querendo atingir os mais visuais, colocar as mensagens num papel, com cartazes na empresa. E para as mais sinestésicas, que tendem a ser mais criativas, em vez de um cartaz, levar um vídeo que mostra determinada situação que está sendo buscada. Pensar em dinâmicas criativas que sensibilizem as pessoas. O sexto erro é não ser claro e objetivo ao definir regras e procedimentos. A melhor maneira de nos comunicarmos é por meio de mensagens simples, que sejam fáceis de serem transmitidas. E, finalmente, o sétimo erro é não confiar em si mesmo. Quando o chefe é inseguro, ele tem dificuldade em impor limites. A dica da pesquisadora é que os líderes invistam no autoconhecimento. É a partir dele que a pessoa vai identificar as características que são positivas, vai ressaltar e trabalhar em cima, e cuidar das eventuais características negativas.

S – Tinha até um jornalista que dizia: "Eu não quero mais ser chefe". Por quê? "Porque eu não quero torrar a paciência de ninguém e não quero que ninguém torre a minha paciência."

L – É uma escolha. É só depois não ficar reclamando que a vida não lhe deu coisas boas ou que não teve sorte. E a gente se responsabiliza por aquilo que escolhe.

LÍDERES QUE INSPIRAM

Sardenberg – Uma pessoa que está na liderança quer que as coisas sejam feitas. Os executivos tomam decisões, mas não podem fazer tudo, precisam que as pessoas façam as coisas. Qual o melhor jeito: mandar fazer "assim, assado" ou persuadir, convencer as pessoas de que o caminho é aquele?

Leny – Os resultados são muito mais robustos quando se consegue inspirar e motivar a equipe, em vez de trazer a ordem de cima para baixo, como acontecia antigamente. Houve uma mudança grande no modelo de liderança. Os primeiros líderes de que temos notícia eram pessoas que tinham liderança natural. Eram os artistas, os poetas, os filósofos, os grandes conhecedores, e eles impunham essa liderança pela autoridade que o conhecimento lhes dava. Depois, com a industrialização, com as empresas, começou o modelo tradicional, com estrutura hierárquica vertical, senão as coisas não aconteciam. As decisões eram absolutamente centralizadas. De uns anos para cá, isso modificou de forma que as pessoas passassem a se sentir responsáveis pelos resultados. Os líderes descobriram que essa maneira produzia resultados mais abrangentes. Uma coisa é eu mandar você fazer algo e você cumprir exatamente o que eu falei. Outra coisa é você se sentir motivado, inspirado e com vontade até de fazer mais.

S – Fazer mais, indo além ou até descobrindo outros modos de fazer as coisas.

L – Saiu uma matéria na *Você S/A*, da Caroline Marino, falando que sai o chefe e entra o facilitador. A matéria mostra o que muda na prática. "O líder tradicional dizia o que e como deveria ser feito. O líder facilitador diz o que precisa acontecer e deixa que a equipe resolva como." Então, ele dá liberdade, faz com que a criatividade da equipe possa aparecer. "O líder tradicional usa a autoridade para centralizar a decisão. O líder facilitador compartilha o processo decisório." A gente sabe que várias cabeças pensam melhor que uma. Quando você dá essa possibilidade, de uma maneira organizada, com foco, com a meta claramente definida, você consegue compartilhar esse processo de maneira ordenada. "O líder tradicional supervisionava cada funcionário. Hoje o líder dá suporte, remove obstáculos para que a equipe possa agir." "O líder tradicional era o responsável pelos resultados. Hoje ele é o membro de uma equipe". Ele compartilha com a equipe o que foi bom e o que foi ruim. A função de liderança fazia com que "a avaliação do desempenho do funcionário fosse individual, hoje ele avalia a equipe como um todo".

S – Hoje, para ser esse tipo de líder, o sujeito tem de ser muito bom. Porque quando não é bom, não conhece bem o negócio, o jeito mais fácil é: "O negócio é o seguinte: eu quero que faça assim e ponto final. Não tem discussão."

L – Exatamente. O líder tem de ser muito bom naquilo que faz. Não pode temer que seus liderados sejam bons também. Porque essa é uma preocupação do líder antigo ou do líder ruim. Ele tem de saber que ter liderados bons naquilo que fazem é só positivo, não envolve nenhum tipo de ameaça. Porque ele também é bom. E, acima de tudo, ele tem de ser um ótimo comunicador, ser capaz de transmitir suas ideias de maneira muito clara. Para que eu dê liberdade para a minha equipe trabalhar, preciso ter a convicção de que eu soube passar os princípios para eles, que eu soube dizer qual era o objetivo, qual era o motivo de aquilo estar sendo feito.

S – Eu já trabalhei em várias empresas e tem muito caso em que o pessoal fica perdido porque não sabe qual é o caminho, qual é a diretriz, o que está certo, o que não é para fazer e tal. E, às vezes, o chefe fica com tanto medo que se esconde.

L – É aquele conceito: o líder que é bom faz com que a equipe funcione até sem ele. Para isso, ele precisa transmitir as informações com clareza. A equipe tem de saber exatamente o que precisa ser feito. Quando o líder é inseguro, tende a segurar informações, não compartilha, porque informação é poder também. O líder facilitador é transparente sempre, ele comparti-lha. Ele tem de ser bom e saber se comunicar bem para dar conta do recado. David Rock, cientista australiano que atua no Reino Unido, é uma das maiores referên-cias em neuroliderança, neurocoaching. Ele defende bravamente que, ao conhecer os mecanismos do cére-bro, você é capaz de influenciar e de inspirar os seus liderados. A ideia é ensiná-los a pensar em vez de im-por aquilo que você quer que eles façam.

S – É o que se tem falado muito em liderança e gestão. Não mandar, mas conseguir a adesão das pessoas com as quais você está trabalhando.

L – Quando você age dessa forma, consegue extrair o que há de melhor no outro. E obtém resultados me-lhores, envolvimento maior da pessoa. O David Rock propõe seis passos para desenvolver essa condição. O primeiro é deixar a pessoa livre para fazer associações, para identificar o que incomoda, o que está acontecen-do, numa visão maior de contexto. Segundo passo: ele orienta que o líder abra os ouvidos e mantenha certa distância para entender melhor a situação. No terceiro passo, que a pessoa seja objetiva ao falar, sucinta, es-pecífica e generosa. O quarto passo é o estímulo à con-versa, que é o momento em que líder e liderado vão ter liberdade para trocar ideias. Depois, a mudança na forma de pensar, em que ele sugere que a gente faça isso por meio de perguntas que vão fazer com que o outro pense: "Você está considerando isso?", "Desde quando você pensa dessa forma?", "O que te levou

COMUNICAÇÃO E LIDERANÇA 29

a essa conclusão?". No sexto passo, ele sugere o foco nos fatos e nos sentimentos das pessoas. De que forma aquela decisão do liderado vai impactar o que ele sente em relação a isso e como ele se vê passando aquele tipo orientação aos seus funcionários.

S – É um modo meio socrático, vai fazendo perguntas, perguntas, e a pessoa acaba descobrindo por si só. Em vez de falar: "Olha, isso que você está pensando é uma besteira", dizer "por que você pensa assim? E se considerar tal coisa?". Aí a pessoa chega à conclusão de que é uma besteira.

L – Isso tem muito mais força do que chegar e falar. Porque a nossa mente é complicada. Quando você chega com argumentos muito incisivos, o outro imediatamente cria contra-argumentos. Quando você se propõe a favorecer que o outro chegue à conclusão, ele se abre mais e recebe a informação de uma maneira melhor.

RELACIONAMENTO E PRODUTIVIDADE

Sardenberg – Em geral, quando falamos em produtividade, as pessoas pensam em serviços, na empresa, nas atividades profissionais. Mas se a gente pensar bem, produtividade está em tudo, você tem de organizar sua vida, trabalhar, as atividades de lazer, tem de correr, tem de descansar, ir ao cinema, pagar contas. Se você bobear, acaba perdendo muito mais tempo do que precisa. Por isso você trouxe o tema *relacionamento e produtividade*.

Leny – Fiz um curso com a fonoaudióloga Tatiana Vial. Ela diz que temos de desenvolver muito bem a nossa comunicação para tirar o melhor dos relacionamentos e, consequentemente, obter maior produtividade na nossa vida. Ela fala de sete competências que devemos desenvolver. A primeira questão é a do preparo, e para qualquer situação. Tendemos a nos preparar apenas para situações muito relevantes, mas também, num contato em que buscamos uma determinada resposta de uma pessoa, é interessante estarmos preparado. De que jeito? Elencando aquilo que você pretende falar, identificando mensagens, conhecendo a pessoa com quem você vai se relacionar para escolher a melhor abordagem. Não precisa necessariamente levar muito tempo. A partir do momento em que você começa a pensar nesse sentido e a praticar com frequência, cada vez se prepara mais rápido. A segunda condição é que devemos ser comunicadores inteligentes. Aqui Tatiana faz referência a estudos de Daniel Goleman sobre inteligência emocional. A emoção está acontecendo independentemente da nossa vontade. E a emoção é a base do comportamento. Se conseguirmos gerenciar melhor as nossas emoções, vamos produzir comportamentos melhores. Para alcançarmos isso precisamos ter atenção plena àquilo que está acontecendo. Quando não existe esse controle, simplesmente reagimos ao outro. Por exemplo, a pessoa chega brava, berrando, nós nos envolvemos naquele clima e reagimos pagando na mesma moeda. O problema disso, que ela chama de sequestro emocional, é que damos poder ao outro de definir o nosso comportamento. A ideia é "pare, observe e aja" – e não reaja. Porque assim a ação vai depender do nosso critério, racionalmente falando. Para não ter o que ela chama de ressaca comunicativa, "ai, eu não deveria ter falado aquilo", "meu Deus, não deveria ter me alterado tanto".

S – E a terceira condição?

L – É a comunicação congruente, que tem a ver com a harmonia entre aquilo que dizemos e o modo como dizemos. A importância de falar alguma coisa e o corpo e os gestos estarem de acordo com isso. O quarto fator é o *rapport*, que é você estabelecer conexão com o outro, desenvolver empatia, saber o que aquela pessoa está precisando naquele momento e realmente se envolver com ela. O interessante que ela coloca é que o inimigo do bom *rapport* é a tendência de julgar. Você vê uma pessoa olhando para baixo e já pensa "ela está fugindo da situação, não está me dando bola". E pode não ser nada disso! Ela diz que o importante é buscar o contato independentemente desse julgamento. A quinta condição é a assertividade, que significa afirmar claramente aquilo que se pretende dizer. O brasileiro normalmente faz muito rodeio para falar. A pessoa chega e diz "tem um minuto para mim?" e você não tem, porque está correndo feito um doido, mas responde "olha, agora estou um pouco ocupado, preciso fazer o programa tal...". É mais simples dizer "agora eu não tenho. Pode ser daqui a pouco?". A sexta é a escuta plena, que é a base da empatia. Significa estar presente naquela relação, escutar com atenção, inclusive trazer a cada período um resumo do que o outro disse: "Então você está me dizendo isso?" E fazer perguntas, que é uma forma de se mostrar presente. O sétimo item é a gestão de conflito, que significa usar todas essas competências para resolver problemas. Se já ocorreu o problema, vale pensar o que poderia ter sido feito diferente, como poderia ter evitado aquela situação. E prestar atenção, parar, refletir para depois agir, e não reagir impulsivamente.

S – Preparo, comunicação inteligente, harmonia modo/ conteúdo, *rapport*, assertividade, escuta plena e gestão de conflitos.

L – O importante é assumirmos a autonomia e a responsabilidade pela forma como nos colocamos. Termos a consciência de usar essa ferramenta no nosso controle e não de forma reativa.

INTELIGÊNCIA RELACIONAL

Cássia Godoy – Há quem queira se destacar, mas se sente limitado e pouco inspirado no trabalho.

Sardenberg – Quem não tem muitas ideias fica inibido.

Leny – Isso tem tudo a ver com o processo de comunicação, com o processo de liderança na empresa. Quando falamos da liderança, não é só o papel formal do líder, mas da importância de nós liderarmos as nossas carreiras. Há um conceito que me parece bastante aplicável a essa situação: o de inteligência relacional. Um tempo atrás, teve o *boom* do termo "inteligência emocional", proposta pelo grande estudioso Daniel Goleman, que mostra a importância de as pessoas se dedicarem também a trabalhar com as suas emoções. E agora tem esse conceito da inteligência relacional, proposto pelas autoras Erica Dhawan e Saj-Nicole Joni [*Get Big Things Done: The Power of Connectional Intelligence*]. Elas descrevem a inteligência relacional como a habilidade de mobilizar pessoas e recursos para um objetivo comum. E tem como efeito a melhora da criatividade, o estímulo à inovação e a geração de mais resultados.

S – Mas como?

L – Na prática, trata-se de buscarmos algumas atitudes básicas. A primeira delas é a curiosidade, que tem a ver com buscar a solução sob vários ângulos, sob várias possibilidades. Nós tendemos a ter uma caixinha, um pensamento meio fechado "na casinha", onde tem um caminho que utilizamos. Só que nem sempre esse caminho vai ser o mais interessante. Então, a curiosidade vai nos permitir abrir a cabeça. Elas sugerem também uma atitude de combinação, entrar em contato com conhecimentos diferentes. Na prática, o conceito dos TEDs – esses vídeos com palestras de até 18 minutos disponíveis na internet – lida bem com isso. Porque são pessoas de várias áreas, de várias formações que falam de temas que são mais comuns. E isso abre a cabeça, porque começamos a ver outras possibilidades.

Eu estudo comunicação e liderança, mas vejo vários TEDs feitos por pessoas de áreas completamente diferentes, trazendo contribuições para essas áreas que eu tenho interesse maior. Dá para juntar essas informações, ter novos *insights*, descobertas, é bastante rico. Se eu ficar só na minha área de atuação, terei retornos mais limitados, tendo mais do mesmo. E isso não vai me levar a ser mais criativa, a inovar.

C – Considerando o conceito que você nos trouxe de inteligência relacional, essas atitudes que precisamos ter para desenvolver esse tipo de inteligência, quais os primeiros passos?

L – O primeiro grande passo é conquistar a confiança dos colegas. Tem a ver com se mostrar comprometido, interessado no problema dos outros, buscar se aproximar, dar sugestões. E, cada vez mais, colocar nessa roda de colegas os temas que nos interessam ou nos são mais desafiadores. O segundo ponto é abrir a cabeça para buscar a inovação, algo diferente, claro que valorizando a cultura da empresa. Não dá para propor mudanças muito radicais. O terceiro passo é explorar esse contato maior, essa troca de ideias, por meio de várias ferramentas de conexão: redes sociais, interações presenciais, contato virtual. Aproveitar as oportunidades para essas trocas. E ter em mente um propósito claro: todo mundo tem de saber por que está discutindo, aonde quer chegar. É uma busca. No trabalho, tem aquelas emergências, as fogueiras que a gente tem de apagar a cada dia, porém, vale a pena nos dedicarmos a esse tipo de situação, porque é uma habilidade que nos permite uma série de ganhos.

SÍNDROME DA SUPERIORIDADE ILUSÓRIA

Sardenberg – Podemos resumir "síndrome da superioridade ilusória" como o cara que não sabe nada e acha que sabe tudo?

Leny – É um perigo. Essa síndrome da superioridade ilusória foi descrita pelo professor Daniel Luzzi. Ele faz um alerta sobre a questão da ignorância. Grandes sábios sabiam que não sabiam tudo. Por exemplo, Sócrates tem aquela frase muito conhecida "só sei que nada sei". E Darwin já falava que "a ignorância gera mais frequentemente confiança do que conhecimento". Quando sabemos de verdade, ainda existem muitas coisas que precisamos conhecer. O professor Daniel Luzzi fala de dois professores da Universidade de Cornell que descreveram o "efeito Danning-Kruger" – os nomes dos pesquisadores –, que é o sujeito que conhece pouco e acha que conhece muito, a quem dão o nome de "idiota confiante". Isso gera um risco na sociedade porque hoje se valoriza muito a forma. É importante que o sujeito tenha o conteúdo bem trabalhado para que dê uma resposta que vá realmente contribuir.

S – Tem uma expressão no interior, minha avó falava sempre, que é "a ignorância é atrevida". O sujeito não sabe nada e mete os peitos, sai falando. É atrevido porque ignora a sua ignorância.

L – Ignora o impacto que aquilo pode ter. Às vezes é uma informação errada. E essas pessoas falham em não reconhecer a sua falta de habilidade, as suas limitações e também em não reconhecer as habilidades do outro. E, como não reconhecem a habilidade do outro, não escutam e simplesmente deixam de aprender. A busca maior é aprender a aprender. A gente consegue isso a partir de duas condições: a humildade – que faz com que a gente se coloque na condição de aprendiz, de busca do conhecimento, da experiência do outro – e aprender a escutar. Numa sociedade barulhenta como a nossa, as pessoas estão sempre prontas para falar e muito pouco dispostas a escutar. Se a gente não escuta, deixa de absorver a informação do outro e perde uma oportunidade.

S – E se você escuta, mas está diante de um idiota confiante? Aí tchau...

L – A gente vai se importar com aquele que está na mesma sintonia, com vontade de aprender, de trocar, de interagir. Se a gente identifica esse idiota, deixa meio de lado e segue. Mas até o idiota nos ensina, porque a gente olha e pensa: "nossa, não quero parecer como ele". Também é uma forma de aprender.

LÍDERES INTROVERTIDOS

Roberto Nonato – A gente tem acompanhado cada vez mais as pessoas conectadas, conversando, nem sempre face a face, mas, de algum modo, todo mundo se fala. Como ficam nesse cenário de alta comunicação aqueles que são mais tímidos, introvertidos, quietos?

Leny – Há um baita enaltecimento dos extrovertidos; aqueles que falam, se colocam, ocupam mais espaço. E existe um conceito muito importante que vem ganhando força, que tem a ver com o poder dos quietos. É até título de um livro da pesquisadora norte-americana Susan Cain. Ela tem um TED muito visualizado na internet. Basicamente, ela conta que existe diferença entre os padrões extrovertido e introvertido. Essa é uma definição do Jung do século XX, que se trata de uma característica inata, que vai sendo moldada pelas experiências. Um cara extrovertido é mais influenciado pelo meio externo. Ele é sociável, se coloca de maneira clara, é mais impulsivo. Em contraposição, há o padrão introvertido, que é diferente de um sujeito tímido. O tímido tem muito medo do julgamento social, tem muito medo de rejeição. E o introvertido é aquele que se conecta mais com o seu mundo interior. Ele gosta mais do silêncio, de trabalhar sozinho, o que também vai contra o movimento atual de trabalho em equipe.

Cássia Godoy – Isso é muito mais uma característica do que um problema.

L – Exato. O "problema" surge porque a sociedade hoje estimula demais o outro padrão. Existe problema quando a pessoa introvertida nega ou evita situações em que ela precisa se posicionar. Vejam as vantagens de um sujeito introvertido: ele reflete muito antes de se manifestar, apresenta os argumentos de modo mais organizado, se aprofunda mais nos assuntos antes de se expor e é mais ativo em ambientes silenciosos e calmos. Isso mostra o grande papel dessas pessoas em coisas que exigem sensibilidade. As reflexões são mais ponderadas, mais profundas. É importante levar em conta essa contribuição que essa pessoa pode dar.

R – E aí tem a responsabilidade do gestor dessa pessoa identificar se ele é introvertido e tem algo a contribuir ou se ele vai ser deixado de escanteio, porque não é tão comunicativo quanto outro, que é mais raso, por exemplo.

L – Isso. Tem até uma pesquisa feita pelo psicólogo norte-americano Adam Grant, que observa que os líderes introvertidos têm melhores resultados do que um líder extrovertido. Porque o líder introvertido dá muito mais espaço para as pessoas sob sua liderança desenvolverem suas ideias. Enquanto o extrovertido, que é mais apressado, mais intenso, muitas vezes acaba atropelando, impondo e impedindo a criatividade da equipe.

C – O interessante é que exista uma mescla.

L – Essa é a busca. A maioria das pessoas se situa num caminho do meio. Com uma característica um pouco mais de um jeito ou de outro, mas mais no meio do que nos extremos. A grande mensagem da Susan é que as pessoas que convivem com esses sujeitos devem conversar a respeito, sem recriminação, incentivando a comunicação deles. Mas também há que se respeitar essa necessidade de momentos de silêncio. No final das contas, todos têm como contribuir e o resultado mesclado faz bem para todo mundo.

COMPORTAMENTO PASSIVO-AGRESSIVO

Sardenberg – O que fazer com um chefe "mascarado"? Que fala uma coisa pela frente e faz outra pelas costas?

Leny – Infelizmente, essa é uma situação frequente. É um fenômeno que os pesquisadores já deram o nome de "comportamento passivo-agressivo". Quando para dissimular a hostilidade, a raiva, a pessoa fala uma coisa, mas age de maneira diferente para evitar conflito, fugir de uma situação de confronto. Por exemplo: imagine que você é meu chefe. Eu chego: "Sardenberg, estou com um projeto bacana, quero saber o que você acha, como a gente pode dar continuidade para isso".

S – "Ah, que legal! Que projeto excelente! Estamos precisando desse tipo de iniciativa."

Cássia Godoy – A Leny sai da sala e o que faz Carlos Alberto?

S – "Ora, tenha paciência! É cada coisa que me aparece."

L – E joga o meu projeto no lixo. Às vezes, a pessoa vai pedir aumento de salário e diz: "Eu tenho me esforçado tanto. Você sabe como me dedico ao trabalho". E o chefe concorda, diz que o profissional é especial, que merece o aumento e que vai pensar com carinho na questão. A pessoa sai da sala e o chefe fica no diálogo interno: "Imagina que eu vou dar aumento. Deixa achar que vai acontecer". É muito difícil lidar com uma situação assim. Porque gera um ambiente tóxico no trabalho. E é complicado justamente por ser camuflado. O outro não sabe exatamente com quem está lidando. Gera descontentamento e uma sensação grande de impotência. É importante que a gente busque identificar, porque é um comportamento que tende a se repetir.

C – E como reagir a isso? Quando a Leny usou a expressão "passivo-agressivo", eu me lembrei do filme *Aquarius*, do Kleber Mendonça, em que a personagem da Sonia Braga passa por uma situação assim com o advogado de uma construtora. A casa dela estava para ser desapropriada. Numa determinada hora, ela parte para o confronto: "Você, com esse comportamento passivo-agressivo, acha que eu não percebo o que está acontecendo". Como agir no mundo corporativo?

L – Muitas vezes, não dá para pedir demissão. Porque a gente gosta do trabalho ou precisa do trabalho. É uma situação tão comum que se a gente resolver sair, não vai dar conta. Existem algumas sugestões de como lidar com isso e a boa comunicação pode favorecer. Primeiro ponto: compreender o que está acontecendo. Olhar para a situação que se repete e entender que se trata de uma característica do outro, que não tem a ver com a gente. Segundo: não ceder o controle. Porque são pessoas extremamente controladoras e que não têm nenhuma preocupação em engambelar a gente. A nosso favor, o seguinte: são pessoas que geralmente têm baixa autoestima, logo, não suportam ficar sozinhas. Então, é preciso ser assertivo: "Eu me sinto mal quando você me trata de um jeito meio irônico", "Eu tenho dificuldade de entender essa duplicidade, essa ambiguidade nas respostas que você me dá". É uma forma interessante de aproximação. Falar de maneira muito prática o que se busca e sugerir, impondo limites, opções que sejam razoáveis em relação àquilo que acontece. É importante também manter esse chefe numa situação de segurança. Como? Aceitando as demandas, quando são possíveis de serem resolvidas. E explicar muito bem quando não se concorda com algo, trazendo elementos objetivos para que ele não se sinta inseguro. É importante também ser resiliente e propor algum tipo de solução. Quando a gente consegue mostrar que está entendendo o jogo do outro, ele começa a ficar mais respeitoso.

MULHERES EM POSTOS DE LIDERANÇA

Cássia Godoy – Como homens e mulheres são interpretados quanto têm uma atitude mais firme? Às vezes acontece de o homem ser considerado assertivo nessas ocasiões enquanto as mulheres são consideradas mandonas, por exemplo.

Leny – Sim. Se homens e mulheres são interpretados de modos diferentes numa mesma situação, por que as mulheres têm tanta dificuldade de assumir postos de liderança? Eu levantei uma pesquisa apresentada pela Sherryl Sandberg, do Facebook. Ela descreve as ações de um determinado líder e pega dois grupos diferentes e nomeia esse líder de forma diferente nesses dois grupos. Para um grupo, aquela descrição corresponde a uma líder, mulher, Heydi. Ao outro grupo, ela dá o nome masculino, Howard.

Sardenberg – Mas a descrição do exercício de liderança é a mesma, ela só muda o nome?

L – É igual, ela só muda o nome. Ela descreveu como esse líder costuma atuar, como pensa, como lida com os subordinados e por aí vai. As pessoas leram esse relato e os dois grupos consideraram que se tratava da descrição de um líder bastante competente, com características firmes de liderança, de propósito, de motivação. Porém, na segunda pergunta, "Você gostaria de ter um líder assim?", o grupo que viu a descrição como sendo de um líder homem, 100% disse que sim, que adoraria ter um líder assim. Já o grupo que entendeu que aquela era uma atitude de uma líder mulher falou que não queria ter uma líder com aquelas características, apesar de julgá-la competente.

S – O que esse grupo interpretou?

L – Provavelmente, que se tratava de uma pessoa mandona, exagerada nas reações, exigente demais. Competente demais, enfim.

C – Até uma coisa boa pode virar um problema?

L – E muito disso tem a ver com a forma como a pessoa se comunica. Existe esse estereótipo. Se sou subordinada e tenho uma líder do gênero feminino, eu espero talvez algo mais cuidadoso, mais afetivo. Se a pessoa não é assim, a interpretação pode ser pior ou mais acentuada do que se for uma pessoa do gênero masculino. Agora, a busca continua sendo pela assertividade generosa.

S – A impressão é de que, quando a mulher entra num posto de chefia, já entra devendo, não é?

L – Parece que ela tem de provar mais do que se fosse homem. Esse é um dado real. No levantamento da Sandberg, de 190 chefes de Estado no mundo, apenas 9 são mulheres. Na política, em geral, apenas 13% dos cargos são ocupados por mulheres. Nas empresas, cargos acima de diretoria, só 15% de mulheres. Sendo que o equilíbrio é diferente em termos de ocorrência.

S – A Cássia se lembrou que nós fizemos uma reportagem com executivas e, por exemplo, a executiva de uma empresa que fatura muito mais do que outra menor ganha menos que o executivo homem da outra empresa.

C – A gente tem um dado recente mostrando que, quanto mais a mulher estuda, quando tem a comparação entre homens e mulheres em relação a salário, as mais escolarizadas estão numa desvantagem ainda maior.

L – Esse é um problema mundial. O que a gente pode fazer? A Sandberg fala que a gente tem um papel importante para mudar esse quadro. São três situações. Acreditar que a mulher merece esse espaço, então, agir com mais firmeza, com mais segurança. Segundo, ter um bom parceiro. Ela diz que a qualidade da relação interfere muito, essa ajuda, esse apoio em casa. E a terceira é a frase "não saia antes de sair". Ela conta que, por exemplo, quando uma mulher resolve se programar para ter filhos, ela já para de buscar promoções, de se destacar no meio e começa a se retirar do cenário muito antes da hora. E, ao contrário, ela diz que temos de ir até o fim mostrando a nossa competência, nos aprimorando, até para termos um trabalho bacana para voltar depois. Porque é sacrificante deixar o filho em casa, então tem de ser por uma ótima causa.

Comunicação e carreira

ANDAR DA CONVERSA

Leny – Antes de a gente ter a nossa coluna, Sardenberg, eu sempre o admirei. Imagina se eu tivesse a oportunidade de cruzar com você no elevador? Eu não poderia perder a oportunidade de me aproximar para a gente trocar ideia e tentar montar a nossa coluna.

Sardenberg – Ou então a pessoa dá de cara com o presidente da companhia. E o elevador vai rapidinho. Você pode ficar quieto ali...

L – Ou falar sobre o tempo ("esfriou hoje, né?") e sair de lá muito incomodado por ter perdido uma oportunidade. Esse é um tema que vem sendo discutido por profissionais de comunicação. Os americanos chamam de *pitch*, e a gente traduz aqui para "conversa de elevador". Como eu faço para aproveitar aquela chance? Tenho de estar preparado. A comunicação é um processo lindo, natural, espontâneo, mas é claro que, quando existe a preocupação profissional, é fundamental que a gente se prepare, da mesma forma que vai ao trabalho usando uma roupa adequada e não com os trajes do final de semana, por exemplo.

S – Teve um jogador de tênis que falou "quanto mais eu treino, mais sorte eu tenho".

L – Interessante. Quanto mais você se prepara, melhor vai se sair. Nos grandes comunicadores, nas pessoas que se destacam sempre existe uma preparação, um cuidado, mesmo que seja só parar para refletir sobre seus pontos positivos e negativos.

S – O que você sugere para essa situação de elevador?

L – É legal ter em mente qual o seu objetivo. Vamos considerar a nossa situação aqui. "Poxa, sempre gostei de comunicação, acho interessante falar sobre isso, que bacana se eu tivesse a oportunidade de trocar uma ideia com o Sardenberg". Aí eu o encontro. Isso já tem que estar na minha cabeça e eu já tenho que ter pensado previamente sobre como eu lidaria com essa situação, porque é uma situação real para os nossos ouvintes que trabalham em empresa e têm essa oportunidade de forma mais evidente do que nós. O objetivo nessa conversa de elevador é inspirar e motivar o ouvinte a querer nos ouvir numa outra oportunidade, porque aquele tempo é curto. Se eu for marcante o suficiente, pode ser que a pessoa se interesse e ela mesma me procure numa segunda ocasião. O que os autores colocam é que aquilo é uma conversa, não é um discurso. Em vez de eu ficar falando para você: "Olha, Sardenberg, eu sou fonoaudióloga, eu trabalho com a comunicação das pessoas", você ia me ouvir como mais uma pessoa falando sobre isso. De repente, seria mais interessante eu chegar falando: "Olha, eu adoro o que eu faço, trabalhando para melhorar a vida das pessoas para que elas possam se comunicar melhor". Aí você iria dizer: "Ah, mas como é essa história?". Ou seja, é uma forma que favorece a troca. É legal se focar nos resultados, não nos detalhes, até para mostrar que está direcionado para o bem-estar do outro, do cliente, do consumidor, daquilo que você faz. Esse discurso pode ser formal ou informal, depende da empresa, da sua característica de personalidade, de como a empresa se coloca no mercado, mas é inegável que precisa ser uma mensagem clara, breve e intencional; você tem que saber aquilo que quer.

S – O que você teria de mais interessante para falar, do ponto de vista do outro e do seu.

L – Sim. É muito comum as pessoas falarem de si mesmas e dificilmente isso vai gerar um impacto de interesse. Toda vez que você se dispõe a ouvir alguém de modo mais interessado, não tenha dúvida de que aquilo que o sujeito está falando tem a ver com a sua realidade, com a sua vida.

S – Se o cara fala: "Presidente, estou trabalhando muito", o presidente vai responder: "Eu também estou".

L – É muito diferente de chegar e falar: "Estou muito feliz com o resultado que alcançamos, que conseguimos oferecer para o nosso cliente um produto melhor". Falar seguindo o ponto de vista do outro, do interlocutor. E os autores colocam de maneira unânime que um bom discurso de elevador exige tempo para que você se prepare, exige tentativas e erros. "Fiz desse jeito, foi bom, fiz daquele outro jeito, não foi tão bom", exige uma baita criatividade e prática. Quanto mais formos capazes de pensar em mensagens importantes para a nossa vida profissional e transformá-las em mensagens curtas, rápidas, diretas e objetivas, melhor.

S – Pensei numa outra situação: imagina uma moça que está interessada num rapaz e dá de cara com ele no elevador. Ou o contrário.

L – Já pensou se a pessoa fica muda, vai se sentir uma boba. Nesse sentido, é sempre interessante pensar "o que eu tenho de especial que vai encantar o outro?" e traduzir isso para uma mensagem simpática, criativa, agradável. Quem sabe a coisa evolui, não é?

FESTA DA FIRMA

Sardenberg – Final de ano, as confraternizações, o amigo-secreto, os restaurantes com aquelas mesas grandes e a festa da firma. E não é uma situação simples. É uma festa, as pessoas bebem, mas está lá a hierarquia: chefe, subchefe, subordinados.

Leny – Nós ficamos o ano todo tomando cuidado, agindo de uma maneira profissional, buscando dar dados que nos ajudem a nos colocar de uma forma profissional efetiva. Construímos toda a nossa reputação, a nossa imagem no decorrer do ano. Reputação se constrói pouco a pouco, mas para perdê-la é rapidinho. Há todo um investimento de estudo, de preparação, de cursos que fazemos, mas há também toda uma preocupação com a imagem que as pessoas fazem de nós. Procuramos nos vestir de uma maneira coerente, com os códigos da empresa, do cargo que representamos, nos comportar de uma maneira adequada àquela função, sem abandonar as nossas características pessoais.

Muitas vezes, numa situação de confraternização, as pessoas acham que dá para enfiar o pé na jaca, e aí é delicado. Porque mesmo estando numa situação de festa, as pessoas estão lá observando e sendo observadas. E, muitas vezes, uma construção que se mostra muito diferente pode colocar tudo abaixo mesmo. Então, em primeiro lugar, vale o cuidado com a roupa que vamos vestir. Pode ser uma roupa mais descontraída do que a do dia a dia, mas que se mantenha na compostura adequada, evitando excessos no decote, roupas muito curtas. E tem um grande inimigo lá: o álcool. Tudo o que nos tira do controle, numa situação de trabalho, sendo festa ou não, é ruim. E vamos conviver com aquelas pessoas o ano inteiro. E é muito chato conviver com uma imagem inadequada: um fora que dá, falando o que não deve, às vezes a pessoa faz uma queixa na frente de todo mundo.

S – A pessoa toma umas e outras e "Quer saber? Vou falar o que eu acho agora..."

L – Precisamos tomar cuidado para não fazer isso. É preciso manter a compostura e não entrar na pilha do outro. São situações com potencial altíssimo de tirar as pessoas de seu ponto de equilíbrio. Em festa de fim de ano da empresa, nós temos que ir com espírito de confraternização, de comemoração do ano de trabalho, mas não dá para baixarmos a guarda. Estamos nos divertindo, mas não deixamos de vestir o nosso papel profissional.

Vale também observar o comportamento das pessoas ao nosso redor. Como nossos pares estão agindo? Dá para aproveitarmos a oportunidade de conhecê-los melhor. Estamos destoando do comportamento deles? Estamos sintonizados com a imagem que pretendemos produzir? Observe também os seus superiores. Busque se identificar com aqueles que você tem como meta, como objetivo de alcançar.

Só não vale faltar, deixar de ir. Pega mal, gera ideia de falta de adesão aos programas, de aceitação do grupo, de fazer parte efetivamente do grupo. Se você se sente desconfortável nestas situações, chegue cedo, se faça presente, participe de algumas conversas... E saia à francesa! Com certeza, você será lembrado de maneira muito positiva.

COMO PARECER INTELIGENTE

Sardenberg – Como parecer inteligente?

Leny – Eu vi uma palestra do norte-americano Will Stephen, que fala durante seis minutos, as pessoas ficam superatentas... e ele não tem nada a dizer! Nada inteligente, nada inspirador. Aliás, ele abre o TED falando isso. Mas ele diz que se você usar alguns recursos, consegue parecer inteligente, que se usar diferentes tonalidades de voz, como se você fosse falar algo brilhante, as pessoas vão se sentir muito importantes e achar que estão aprendendo. Ele trabalha essa variação, que é típica da fala natural. Ele chama a atenção para a parte não verbal. Se você fizer gestos firmes com as mãos, se ajeitar os óculos – aliás, ele conta que está usando óculos de mentira, que ele não precisa – acaba construindo uma percepção de mais seriedade. Na hora que dá uma ajeitadinha nos óculos, passa a impressão de que está absolutamente compenetrado e sabendo o que está falando. Em seguida, ele fala da importância de fazer perguntas para a plateia e colocar alguma coisa para que se pense sobre. A plateia não vai ter a resposta, nem você, porque não sabe o que é, mas aquilo quebra a tensão e faz com que as pessoas te achem mais intelectualizado. Ele chama a atenção para o uso da enumeração. Por exemplo: "São três as razões principais para que vocês me achem inteligente". Na hora em que você enumera, passa a impressão de algo organizado, mesmo que não tenha sido. Ele sugere o uso de números efetivamente, que trazem veracidade, dados mais objetivos e as pessoas começam a achá-lo muito organizado. Sugere o uso de gráficos, tabelas, que visualmente chamam a atenção e fazem com que as pessoas achem que você se preparou bem. Ele diz que se tirar o som da palestra e só olhar o que está acontecendo, você jura que ele é um grande especialista em alguma coisa.

Então, a maneira como embalamos as nossas mensagens é fundamental. Mas o que mais me preocupa são as pessoas que têm um bom conteúdo, que conhecem os temas, são estudiosas, mas, pela maneira de falar, muitas vezes não são capazes de demonstrar o tanto que sabem.

S – Porque tem gente que sabe pra caramba e tem o picareta...

L – Que não sobrevive muito tempo, mas pode construir uma percepção inicial positiva. Então, as pessoas com um bom conteúdo devem caprichar na maneira de embalar esse conteúdo, porque isso tem um impacto poderoso também.

S – Eu vou falar de apresentações que não causam impacto. Tenho visto muitas em que a pessoa começa: "Eu vou falar um pouquinho disso, depois vou falar um pouquinho..."

L – Empobrece. Que história é essa de "um pouquinho"? Isso tem acontecido com frequência. E tenho notado principalmente quando a pessoa que está se apresentando é mulher. Parece que está se desculpando por estar lá. Primeiramente, a palavra "pouco" já mostra o que ela significa. "Pouquinho", no diminutivo, piora ainda mais. Fazer uma apresentação que gere impacto é algo cada vez mais difícil. Porque vivemos num ambiente lotado de estímulos, várias coisas chamam a nossa atenção ao mesmo tempo. Então, despertar o interesse do outro, manter a atenção durante a fala é um baita desafio, para o qual podemos e devemos nos preparar.

S – Fazer com que a pessoa deixe de olhar o celular.

L – O celular hoje é o grande concorrente da atenção das pessoas. Fui pesquisar e encontrei dados da colega fonoaudióloga Ingrid Gielow, pesquisadora do Departamento de Neurologia no Hospital de Nova York. Ela é professora dos cursos de MBA da FGV e do Centro de Estudos da Voz. Primeira coisa, existe um mito de que nós somos multitarefa, ou seja, que conseguimos prestar atenção em mais de uma coisa ao mesmo tempo. A Ingrid nos conta que o cérebro alterna a atenção, ele não consegue prestar atenção em tudo ao mesmo tempo. Outra coisa que ela aponta é que o tempo das apresentações é muito relevante. Os TEDs, por exemplo, têm no máximo 18 minutos. Ela nos conta que, para os jovens, o tempo máximo de atenção é de 7 minutos. John Medina, biólogo estudioso da neurociência, recomenda que, a cada 10 minutos de uma apresentação, temos de resgatar a atenção das pessoas ativando outras áreas cerebrais. Fazemos isso usando âncoras, como mostrando uma figura impactante, apresentando um objeto, acrescentando uma música...

A Ingrid nos relata que, para a neurociência, as apresentações precisam ter três características: serem emocionantes, originais e memoráveis. Olha o que ela diz: "Para que as apresentações sejam emocionantes é preciso atingir o sistema límbico". É o que lida com as emoções, e a gente precisa acioná-lo trazendo dados, informações que emocionem as pessoas. Para a apresentação ser original, às vezes o próprio tema é original, então, naturalmente o povo vai ficar atento. Mas às vezes será um pouco mais do mesmo, ou seja, um tema discutido, que aparece em várias situações. Então, se o tema não é original, a apresentação precisa ser. E para que a apresentação seja também memorável, é preciso duas coisas: atingir mais de uma área do cérebro, e para isso precisamos usar os órgãos dos sentidos. Tem um exemplo bacana, que é um TED da fotógrafa americana Lisa Kristine, em que ela fala sobre o que observou em minas de carvão. Fala sobre trabalho escravo e inicia pedindo para as pessoas se imaginarem num buraco, num ambiente quente e escuro, com cheiro de enxofre, com barulhos assustadores. A segunda condição é a repetição. A gente deve repetir as informações mais relevantes para que o cérebro consiga assimilar.

S – Então, vamos às dicas.

L – Quem está se apresentando deve lançar perguntas à plateia. É uma forma de as pessoas ficarem atentas. Vale mostrar algo de efeito: uma imagem, um objeto. Também é interessante mostrar o benefício que a pessoa vai ter com aquela aprendizagem. Contar histórias sempre é interessante, buscar a participação ativa do público. Começar ou terminar com uma citação e se colocar de forma bastante pessoal nas informações. São formas de garantir a atenção e fazer com que a nossa apresentação seja realmente memorável.

ENTREVISTA DE EMPREGO

Sardenberg – Estamos com a taxa de desemprego altíssima. Nesse ambiente, a busca por emprego fica muito competitiva. Com mão de obra disponível, as empresas ficam muito seletivas na escolha de novos funcionários. Como se apresentar na entrevista?

Leny – Existe a necessidade de uma cuidadosa preparação por parte do profissional que tem a oportunidade de ir para uma entrevista de emprego. Ele vai concorrer com várias pessoas, há muita gente boa no mercado. Ele vai ter uma oportunidade normalmente curtinha de impressionar positivamente. E nos primeiros contatos com uma pessoa desconhecida, o interlocutor já procura responder na cabeça dele a primeira pergunta: "Esse sujeito é confiável?".

S – Ele não faz essa pergunta. Mas está na cabeça dele "eu preciso saber se esse cara é confiável".

L – Isso. Os elementos que ele está me mostrando geram a ideia de que é confiável? Essa questão já surge nos primeiros milissegundos de contato com qualquer pessoa estranha. Grande parte dessa percepção vem da maneira como essa pessoa se comunica. A imagem do profissional é muito importante. A orientação é que a pessoa vá para a entrevista vestindo uma roupa compatível com o cargo que está pleiteando. A postura corporal é importante. Na entrevista de emprego, é fundamental que o candidato se coloque de frente, com o tronco voltado para o seu entrevistador. Essa postura denota interesse na interação. É importante também que a expressão facial esteja de acordo com aquilo que ele está dizendo. E as pessoas vão com o maior frio na barriga para uma situação como essa.

Às vezes, a pessoa tem um currículo bom, tem qualidades, relevantes serviços prestados, mas ela chega tão tensa, com uma cara de pânico, que pode dificultar a percepção do quanto ela é boa. Então, antes de chegar na entrevista, procure respirar profundamente para se tranquilizar. É importante que os gestos aconteçam de uma maneira natural. Cuidado para evitar a elevação das mãos, que indica descontrole da situação. Corre-se, ainda, o risco de fazer as mãos competirem com o rosto. Numa situação em que se busca gerar confiança, o rosto precisa estar totalmente exposto. Falar com a mão no rosto, com a mão na boca, emite sinais de mentira. É importante também o cuidado com a fala. A pessoa deve caprichar nos movimentos da boca, com articulação clara, precisa. Quando eu tenho convicção do que vou dizer, naturalmente capricho na movimentação da minha boca. Quando eu não tenho convicção, a tendência é de fazer uma articulação, literalmente, meia-boca. É preciso caprichar nos ajustes para construir percepção de credibilidade. E uma última dica: sinceridade sempre. Muito cuidado com algo que possa impactar positivamente, mas que com o tempo não vá se sustentar.

Cássia Godoy – E como preparar adolescentes para entrevistas de emprego?

L – Esse é um público que está crescendo muito. Eles estão buscando mais cedo o mercado de trabalho. Há mesmo que se preocupar com isso. Tem a questão dos vícios de linguagem, as barreiras verbais. A expressão "tipo", que acaba virando vírgula. "Eu tipo quero explicar que tipo..."; as vogais prolongadas "eeeeeeeeee", "aaaaa", que denotam ideia de hesitação. Essas barreiras devem ser controladas e cabe um ensaio básico para se preparar melhor. Vale até treinar fora de uma situação formal de comunicação, em que há bom domínio do conteúdo e é possível ater-se à forma, para que se torne algo mais habitual. E a outra questão é a tendência que o adolescente tem do vocabulário próprio. Usam gírias e expressões que são muito particulares e, às vezes, prejudicam a compreensão do discurso. Quando a gente se comunica, o código tem de ser comum a quem fala e a quem ouve. É importante que eles busquem um vocabulário que seja de uso mais habitual. Cabe elaborar as mensagens previamente e organizar os fatos numa sequência com começo, meio e fim. Esse exercício já permite que na hora H eles se sintam mais seguros.

S – Você pode dar algumas dicas gerais para a pessoa que perdeu o emprego e precisa se recolocar?

L – Hoje o tempo para a recolocação é cada vez maior. Antes, os bons profissionais estavam praticamente todos empregados. Quando acontecia um problema e esse profissional saía do mercado de trabalho, ele voltava rapidamente. Num período curto de tempo, ele já era assediado por outras empresas. Hoje esse tempo tem sido mais longo, por causa da situação político-econômica. É comum que haja uma ansiedade muito grande por parte do profissional. É uma fase de muito nervosismo, muita preocupação, sentimentos que interferem de maneira negativa. Existe uma empresa chamada Estação RH, chefiada pelo professor Adílson Souza, que lida com essas questões. E ele traz algumas sugestões interessantes para a pessoa lidar com essa fase de espera. A primeira é que ela estimule a mente para localizar oportunidades. Aproveitar os momentos do dia a dia, no banho, caminhando no parque, para pensar em que possibilidades ela tem, que oportunidades pode buscar, como pode se desenvolver, às vezes até saindo da atividade habitual. Outro ponto fundamental é que o profissional se mantenha lendo artigos, livros, notícias e, mais do que isso, que avalie o que está lendo e compartilhe nas redes sociais.

S – Apareça nas redes sociais, mas não para dizer "olha eu aqui no shopping". É aparecer falando de um livro, de uma empresa, de uma situação profissional, a descoberta de um novo método. Alguma coisa assim.

L – Exatamente. Essa é uma forma de ser visto, ser lembrado e ficar no radar das pessoas e das empresas.

S – As empresas ficam olhando essas redes.

L – Hoje elas buscam nas redes sociais elementos para fazer suas escolhas. E é importante haver esse cuidado.

S – Por falar nisso, cuidado para não ficar aparecendo só na praia, na farra.

L – É um momento em que a pessoa está fora do mercado de trabalho, tem tempo livre e, às vezes, gosta de postar fotos em festas, pode estar com uma aparência meio estranha, então precisa tomar cuidado, porque as redes sociais estão no radar das empresas. Também é interessante identificar as empresas do interesse e acompanhá-las nas redes sociais. É uma forma de o profissional ver o que está acontecendo, quais os desafios mais frequentes, e ir pensando que soluções pode oferecer a essas empresas. Ele passa a ser uma pessoa com vantagem competitiva porque demonstra entender o que está acontecendo e já ter pensado previamente em alguma proposta, em alguma solução. É interessante a pessoa chegar numa oportunidade de entrevista demonstrando um bom conhecimento sobre a empresa.

O professor Adílson propõe demonstrar a experiência num formato simples, que ele chama de CAR. Ele propõe que a gente comece tratando o "contexto" daquela situação. Em seguida, que a gente mostre as "ações" feitas para melhorar aquele contexto, e, por fim, aborde os "resultados" obtidos.

Outra dica diz respeito a focar naquilo que é positivo. Trazer mais dados sobre a sua vontade de realizar, de contribuir, de fazer algo grandioso. Às vezes, a pessoa nessa situação está nervosa, quase desesperada ou triste. E naqueles poucos minutos de contato com os potenciais contratantes, pode ser que construa uma percepção tão negativa que o outro, mesmo sem saber por que nem como, desanima de escolher aquela pessoa. Então, é recomendável comunicar as intenções de uma maneira positiva, com entusiasmo, com brilho no olho, demonstrando envolvimento realmente.

S – Isso já na conversa de emprego?

L – Exatamente. É importante que, nesse período entre um trabalho e outro, a pessoa se cuide emocionalmente, que procure se manter bem, motivada, envolvida. Assim, quando surgir a oportunidade, ela estará pronta para construir uma imagem positiva.

NETWORKING

Sardenberg – Nesta época das redes sociais, uma coisa importante para a carreira das pessoas, para a vida profissional, para quem está precisando de emprego ou quer mudar de emprego, é o *networking*. A rede de relacionamentos.

Leny – O modo como o profissional lida com essa questão do *networking* pode impactar no resultado final dos seus negócios. A gente sabe que o *networking* traz inúmeras vantagens para o profissional. A gente tem mais oportunidades de negócios e de trabalho quando tem uma rede ampla de contatos. Um conhecimento mais aprofundado dos temas do nosso dia a dia, uma melhor capacidade de inovar, um desenvolvimento mais rápido, mais *status*, mais autoridade, mais qualidade e mais satisfação. Só que o *networking* provoca sentimentos ambivalentes. Algumas pessoas levam muito em conta essas vantagens todas, consideram que têm de dedicar tempo e atenção ao *networking*, enquanto outros têm certo preconceito, veem o *networking* como uma coisa de gente aduladora, exploradora, falsa etc.

S – E pode ser, né? Dependendo do modo como a pessoa faça o seu *networking*.

L – Sim. Pode dar essas diferentes interpretações. É fundamental ter cuidado. As vantagens são muito amplas para a gente deixar de trabalhar com isso. Uma pesquisa da Harvard Business School com 165 advogados de um grande escritório americano mostrou que os profissionais que consideram que o seu sucesso depende de estabelecer relações interna e externamente de uma maneira positiva tiveram resultados muito melhores, faturavam muito mais do que aqueles que pensavam diferente. O curioso é que os pesquisadores identificaram que as pessoas têm uma mentalidade em relação ao *networking* de promoção ou de prevenção. Prevenção é uma postura mais passiva, que tem a ver apenas com identificar potenciais contatos. Quando pensam na promoção, o foco é no crescimento, no progresso, na capacitação, na conquista.

S – Dele próprio? Faço o meu *networking* pensando na minha promoção, no meu desenvolvimento e tal...

L – Em melhorar, em subir outros degraus. E quando existe a mentalidade de prevenção, essas pessoas veem o *networking* como uma obrigação profissional, não têm como não fazer e aí fazem com má vontade.

S – E aí fica ruim?

L – Muda tudo. Eles estenderam a pesquisa com outros 174 advogados, com profissionais, universitários dos EUA e da Itália. E perceberam que quem está com a mentalidade de promoção se sai bem e quem está com a mentalidade de prevenção se sai muito mal.

S – Mentalidade de promoção é você preocupado em achar um assunto novo, um treinamento novo. "Isso aqui interessa para a minha carreira, interessa para a minha função". É esse tipo de coisa?

L – Estar conectado com as pessoas. Eles dão três dicas, se você vê o *networking* como prevenção, de como ter os ganhos efetivos. Primeiro: identificar interesses comuns. Se você vai falar de um tema, que pode interessar outras pessoas, é uma forma de você se relacionar. Segundo: pensar de uma forma mais abrangente, identificando um resultado mais altruísta. Para as pessoas mais experientes, os tops dentro da instituição, é mais fácil aceitar, por conta do maior poder, o benefício de fazer um *networking*, mas os juniores têm mais dificuldade, porque eles pensam "ah, eu só vou lá para tentar ganhar alguma coisa". E, ao contrário, eles dizem que essas pessoas podem trazer dados positivos, de gratidão, de reconhecimento. E, finalmente, encontrar esse objetivo mais elevado, pensando mais no coletivo e menos no individual. Aí, sim, essa rede pode ser boa para os dois lados.

S – Bajulação, nem pensar.

L – É complicado, porque em redes sociais acontecem muitas coisas desse tipo. O risco de cair na bajulação é iminente. A gente não pode confundir *networking* com contato nosso, individual, nas redes sociais. Porque lá as pessoas se expõem, às vezes dão opiniões que não são embasadas, falam coisas que não têm veracidade. Há que se fazer, sim, uma grande distinção e considerar o *networking* como algo absolutamente profissional.

PROCRASTINAÇÃO

Cássia Godoy – Procrastinação é deixar para depois, adiar. A gente faz na vida profissional e prejudica a carreira.

Leny – Nós temos a tendência de empurrar com a barriga, de deixar para depois. Porque uma parte da nossa mente costuma agir a partir do princípio do prazer. Estou escrevendo aqui no laptop, mas tem mousse de chocolate na geladeira, vou dar um intervalozinho e vou até lá. E começamos a somar pequenas distrações, que nos dão uma resposta prazerosa momentânea, mas atrapalham a qualidade do nosso trabalho, e vamos acumulando a culpa. Uma vez ou outra as pessoas fazem mesmo, é típico do ser humano, nós trabalhamos muito buscando esse retorno imediato. Há, porém, pessoas que agem assim de maneira habitual. Isso impacta a produtividade, uma pessoa que procrastina produz menos, mas principalmente compromete a qualidade da entrega. Imagine esse comportamento de várias pessoas somadas numa empresa?

C – O que se passa na cabeça de alguém que tem esse comportamento?

L – O Tim Urban tem um TED falando sobre procrastinação, em que trata o problema de maneira bem-humorada. Basicamente, ele nos conta que temos dentro da nossa cabeça um macaco, que é responsável pela área do prazer. Temos também um tomador de decisões, que é a parte racional do nosso cérebro e tem um ser, o procrastinador, que é o monstro do pânico. Eu tenho uma reunião semana que vem para a qual tenho que me preparar. Então, eu me programo: "Bom, hoje é sexta, a reunião é na próxima sexta, segunda-feira eu começo a pensar nisso. Deixa eu descansar no final de semana". Chega segunda-feira, acontecem várias outras coisas, eu vou adiando… Chega quinta à noite, me bate o desespero: "Meu Deus, é amanhã, eu tenho de fazer". Muitas vezes eu passo a noite acordada em cima daquele tema que eu vou precisar apresentar. E isso leva a uma qualidade inferior na entrega. O interessante na história do Tim Urban é que, quando temos um prazo estabelecido, mal ou bem, com qualidade ou não, nós entregamos. O problema é quando lidamos com coisas que não têm um prazo estabelecido. Aquelas coisas que acabamos adiando indefinidamente. Por exemplo: preciso começar a fazer atividade física. É importante para a saúde, mas não tem um prazo. E acabo adiando, adiando… Quero fazer aquela viagem internacional. Mas deixo de focar naquilo, acabo não fazendo e isso gera muita frustração.

C – Ele chama atenção no vídeo que quem faz isso com muita frequência quase nunca aproveita aquele tempo em que está "matando o trabalho" e se diverte de fato.

L – Exato, porque vem uma culpa imensa e a pessoa nem usufrui daquele momento.

C – É uma gratificação muito fugaz. Você começou a falar a respeito de uns dados de produtividade, que mostram os efeitos diretos desse tipo de comportamento.

L – Um publicitário brasileiro, de Belo Horizonte, o Matt Montenegro, faz umas publicações interessantes sobre isso. Ele conta que o chileno produz o dobro do brasileiro. O mexicano produz 90% a mais que o brasileiro e o norte-americano produz cinco vezes mais do que nós. Essa queda de produtividade aconteceu de modo gradativo e chama a atenção o seguinte dado: na década de 1980, o trabalho de um americano equivalia ao trabalho de três brasileiros e de 25 chineses. Numa atualização em 2013, percebeu-se que um americano faz o trabalho de cinco brasileiros e de quatro chineses. A China teve um superganho de produtividade, enquanto o que fazíamos com três brasileiros, hoje precisamos de cinco. Então, alguma coisa está errada e precisamos sair desse círculo vicioso e produzir mais.

Os pesquisadores nos contam que precisamos de 30 dias para criar um hábito e 7 dias para perdê-lo. Envolve planejamento, organização. Então, precisamos definir aquilo que queremos e buscarmos as condições para fazê-lo: o que vamos precisar de material, de apoio para dar conta daquela tarefa. Precisamos de muita leitura, que nos ajuda a trazer dados e informações. Precisamos de foco, disciplina, cuidar do nosso corpo e da nossa mente, porque melhora a nossa criatividade. E precisamos do descanso real. "Cumpri a minha meta e agora vou descansar." Uma sugestão bem legal deles é compartimentalizar as nossas metas em relação ao tempo. Vamos supor que a meta é emagrecer 12 quilos. É uma meta ousada. Mas em que tempo? Eu resolvo que quero emagrecer 12 quilos em um ano. Então, ficou um quilo por mês. Essa é a meta, que já fica mais viável. Significa perder 250 gramas por semana, uma meta mais viável ainda. Quando distribuímos dessa maneira as nossas grandes metas, conseguimos dar conta gradativamente de pedacinhos desse objetivo maior e a tendência é que consigamos ir realizando mais. E isso cabe para qualquer coisa. "Eu quero alcançar uma produtividade maior na minha empresa durante determinado período." Então, divida isso em relação à semana, eventualmente em relação aos dias. "Eu quero ser mais produtivo nas minhas reuniões." Estabeleça um tempo para isso.

C – E cumpra esse microtempo, senão você vai adiando e vira uma bola de neve.

L – Se existe esse macaco do prazer e esse monstro do pânico no nosso cérebro, conforme o Tim nos ensinou, vale o cuidado quando esse monstro não estiver lá por causa do prazo apertado, que tenhamos isso como uma meta, trabalhar melhor para termos melhores resultados.

CAPACIDADE DE APRENDIZADO

Sardenberg – Nosso tema é aprendizado, a propósito de uma pesquisa sobre quais os desafios das companhias para os próximos anos feita pela consultoria Manpower Group com 18 mil empresas, 43 países, com dados do Fórum Econômico Mundial. Chegaram a uma conclusão preocupante. Dizem: "Sabe as habilidades que você tem hoje no mundo corporativo? Esquece. Daqui a quatro anos, elas não vão valer mais nada". Você estuda, estuda para formar uma competência. Aí chega lá: "Essa aqui não serve mais".

Leny – As pessoas estão investindo em novas competências, estudando, desenvolvendo novas habilidades para se diferenciarem. A pesquisa mostra que, em três anos, mais de um terço das habilidades consideradas essenciais serão inúteis. O estudo se chama *A revolução das competências*.

S – Daí decorre uma lógica: como está mudando muito, o que você tem de saber é como aprender as coisas novas.

L – Exatamente. A competência muito buscada hoje é a capacidade de aprendizado. Tem a ver com a nossa habilidade em assimilarmos novos conhecimentos, novas aptidões. Achei bacana uma analogia que eles fizeram: nós tínhamos até então uma mochila nas nossas costas com o nosso talento. Tudo aquilo que sabemos fazer bem ficava nessa mochila. Hoje, a ideia é entender que temos de conseguir tirar e colocar itens nessa mochila conforme a necessidade. Então, falamos de flexibilidade: identificar aquilo que sabemos fazer bem, o que precisamos modificar, o que precisamos aprimorar.

S – Com muita coisa nova, vai ter de aprender a aprender.

L – Vivemos um momento em que a questão da aprendizagem é bem desafiadora, porque temos muito estímulo. São muitas coisas acontecendo ao mesmo tempo. Alguns conceitos de aprendizagem se modificaram. Por exemplo, as pessoas dizem "eu sou muito ruim de aprender, porque minha memória é fraca. Eu leio, vejo, mas não consigo gravar". É uma queixa comum. Hoje os pesquisadores dizem que ter uma "memória ruim" pode ser uma experiência muito rica, porque a pessoa vai buscar novas formas para se lembrar. Essa busca vai desenvolver mais criatividade e mais flexibilidade. É uma valorização de quem parecia estar em desvantagem. Há outro dado em que eles apontam que as experiências que trazem emoção ficam mais retidas na memória. Buscar significado, buscar identificar uma aplicação daquilo que aprendemos. Fazer pontes entre aquilo que se aprende e a prática diária é interessante.

S – Isso é legal porque vai afetar as escolas, as faculdades. Em vez de ensinar coisas prontas, vai ensinar como procurar, como achar.

L – Vai ensinar como explorar esse conhecimento.

S – Talvez essa seja a habilidade principal. Nesse mundo de informações e competências novas, você saber qual lhe interessa, qual lhe cabe melhor.

L – Um texto do Chris Anderson, presidente do TED, diz que o conhecimento está cada vez mais acessível, mas que a nossa busca deve ser por desenvolvermos a compreensão dos dados que recebemos. Ou seja, no que isso impacta a nossa vida, como agregar essa informação na nossa rotina.

SEGURANÇA PARA SE EXPOR

Sardenberg – Um ouvinte, gerente nacional de vendas de uma empresa importante, nos conta que tem problema de gagueira. Diz que trabalhou com fonoaudióloga, com psicólogos, que se prepara e que tem experiência em fazer palestras, apresentações no negócio dele. Ele pergunta se deve comunicar previamente à plateia seu problema ao fazer uma palestra longa, pois tem certeza que, em algum momento, vai aparecer o problema da fala.

Leny – Não deve. Veja: eu tenho a impressão de que meu nariz é meio torto, então, toda vez que tiro uma fotografia, a primeira coisa que eu olho é o meu nariz, e acho horroroso. Já uma pessoa que não tem essa ideia preconcebida vai olhar a foto como um todo e tem muito mais probabilidade de achar que está bacana e nem perceber o nariz. Então, quanto menos chamarmos a atenção para alguma coisa que entendemos como uma falha nossa, melhor. Pode ser, inclusive, que durante a apresentação ele vá cometer um ou outro momento de disfluência – até porque o que diferencia uma pessoa disfluente de uma pessoa "normal" é o número de momentos de disfluência. Porque nós todos somos disfluentes em diferentes momentos. Quando a pessoa tem muitos momentos é vista como gaga. Ele deve evitar chamar atenção a respeito disso. Se acontecer, a orientação é que ele passe batido, siga falando, confiante e tranquilo.

Cássia Godoy – Da maneira como fazemos em momentos de gagueira ou de tropeços numa frase.

L – Isso. Na pessoa que sabe que é gaga, o que seria só uma rateada, uma quebrinha, ganha uma proporção grande, porque, ao se perceber assim, tensiona a musculatura, segura a respiração e aí ocorrerão outros momentos por causa dessa resposta. Abrindo para outras situações, uma coisa inadmissível é "puxa, eu não me preparei o suficiente para essa apresentação" e aí eu abro "me desculpa, gente, eu não estou muito bem preparada"? Jamais. Se você não está bem preparado, não apareça. Vá se preparar porque isso é importante. Agora, se está falando de improviso, aconteceu alguma coisa, tente dar o seu melhor, organizar na sua mente os conceitos e as ideias.

S – Muda e vai para um assunto que você entende.

L – Traga para a sua zona de conforto, faça uma ponte do que está sendo dito para algo que você conheça bem. Iniciar uma apresentação "se desculpando" não é interessante. Se, no caso, ele entende que há alguma coisa que o limita, é mais interessante caprichar no que ele nos conta que faz bem. No estudo, na técnica, na busca por um padrão que vá encantar as pessoas, na escolha da mensagem.

Quando for uma falha na preparação, no empenho que a pessoa teria ou se for algo físico ou até uma característica emocional, uma dificuldade de se colocar, em vez de atrair a simpatia, ela coloca um holofote sobre o problema. É mais interessante se colocar de uma maneira natural para que as pessoas percebam coisas até melhores do que as imaginadas.

PROFISSIONAIS DE SAÚDE

Cássia Godoy – Como pessoas que tratam de pacientes que estão em busca de uma melhor qualidade de vida, mas que não têm a chance de serem curados, podem conversar com esses pacientes e os familiares deles? Como tornar mais fácil a questão de dar uma má notícia?

Leny – Essa é uma problemática bastante importante, porque, de maneira geral, os profissionais de saúde são formados e preparados para tratar de uma pessoa. Quando se deparam com uma situação em que o tratamento não será mais efetivo, em que provavelmente não haverá cura, têm dificuldade para lidar com a situação, como um mecanismo de defesa. É uma pena porque o familiar e o próprio paciente sentem uma necessidade de falar sobre isso. Os profissionais de saúde precisam buscar ultrapassar esse obstáculo e se colocarem de uma forma empática na relação com o outro. Dando atenção, se mostrando disponível, demonstrando boa vontade em falar sobre as dúvidas mais relevantes. Esse é um primeiro ponto. Agora, como falar? Buscar uma maneira simples de trazer a informação. Até por conta dessa dificuldade, é comum que eles se apoiem em termos mais técnicos.

C – É verdade. Aqueles jargões de médico, de enfermeiros, às vezes a gente não compreende o que estão dizendo.

L – E isso não se aplica só nessa situação de má notícia, mas também de orientação de serviços de saúde. Os profissionais precisam encontrar uma maneira simples de traduzir os conceitos para que as coisas fiquem claras. Mas, além do vocabulário, é importante que demonstrem a intenção em acolher. É o que o outro precisa nessa condição. Demonstrar empatia, olhando nos olhos, com o tronco direcionado para a pessoa, ter paciência e usar um tom de voz acolhedor. Precisa haver uma humanização nessa comunicação. Até para identificar a necessidade daquele paciente, daquele familiar.

C – Interessante esse ponto da necessidade, porque os profissionais de saúde encontram pessoas em situações muito diversas em relação ao ânimo. Algumas pessoas aceitam a doença, outras ficam revoltadas.

Tem de haver uma diferença de tratamento de acordo com a maneira como a pessoa está.

L – É importante que o profissional esteja aberto a ouvir. Existe uma pesquisa da doutora Elisabeth Kübler-Ross, que avaliou que pacientes com problemas mais graves de saúde ou pessoas em qualquer situação difícil, como a perda do emprego, a morte de um ente querido, um aborto eventual, vivenciam cinco fases: a primeira é a da negação, em que a pessoa não quer aceitar o que ocorre. A segunda é a da revolta, em que pergunta: "por que eu?". A terceira é a fase da barganha com Deus, do "se eu melhorar, vou fazer isso". A quarta é a da depressão, quando se sente bastante triste e com pouca energia. A quinta fase é a da aceitação. Que é a ideal para uma intervenção produtiva, em que a pessoa está pronta para acolher o que será dito e transformar isso numa ação. Claro que nem sempre é possível pegar a pessoa nessa fase.

C – Quando você aborda uma pessoa na fase da revolta ou na de depressão, a tarefa é bem mais difícil, não é?

L – Muito árdua. Desde a negação. A pessoa está negando o problema. Nessa fase, é mais interessante uma atitude continente, que é de se mostrar à disposição, de deixar claro que o processo vai exigir a compreensão da pessoa. Haverá um momento em que a pessoa vai superar a resistência e sentirá necessidade de ajuda. Quando ela está na fase da revolta, é importante acolher e escutar. Não adianta chegar com fórmulas prontas, com expressões "eu sei o que você está passando", porque, por mais que imagine, que tenha empatia, é a pessoa que está vivendo o problema e sabe o tanto que aquilo está pegando. Então, é se mostrar receptiva, deixar a pessoa desabafar para depois intervir.

ASSERTIVIDADE X RUDEZA

Sardenberg – Assertividade é uma qualidade, rudeza é um defeito. Mas as duas podem ser confundidas?

Leny – A assertividade é uma competência altamente buscada, fundamental na vida profissional. A comunicação mais assertiva é a que mostra exatamente a intenção da pessoa. Quando consigo traduzir exatamente o que eu quero, sou assertiva. Por exemplo, eu quero que você faça um favor para mim. Um modo não assertivo: "Então, sabe? Tô assim, sabe? Precisando de algum tipo de ajuda...". Outro é: "Tenho de entregar um relatório. Me ajuda a discutir esses tópicos para que eu possa fazer isso mais rapidamente?". No comportamento assertivo, sei exatamente o que eu quero e proponho ao outro de maneira clara o que estou precisando. Comunicação não é o que sai da nossa boca, mas o que chega na cabeça do nosso interlocutor. Quanto mais eu conseguir aproximar aquilo que eu pretendo daquilo que o outro entende, mais assertiva eu sou. Todo processo de comunicação tem um lado sol e um lado sombra. A assertividade é positiva. Qual o risco de uma assertividade "exagerada"? De parecer rude. O nosso interlocutor vai ler os sinais que emitimos. Uma coisa é eu falar "eu preciso que você faça isso" com serenidade. Outra é "eu preciso que você faça isso" de forma impositiva. Tudo que parece uma imposição é recebido de uma maneira pior. Nós temos de cuidar dos sinais que emitimos, buscando uma comunicação mais empática. Sheryl Sandberg, CEO do Facebook, diz que temos de buscar a assertividade generosa. Sermos assertivos, mas emitindo sinais de vontade de interação, de empatia, de proximidade, porque aí temos o melhor do outro. Se falo com a pessoa demonstrando interesse, olhando, direcionando o tronco para ela, com uma expressão facial mais suave, um tom de voz menos impositivo, há sinais verbais e não verbais que podem me ajudar.

Cássia Godoy – Muitas vezes, quando as mulheres são assertivas, são firmes, são tachadas de mandonas, de arrogantes, descompensadas, loucas. Quando o homem tem essa postura, ele é firme, seguro, sabe o que está dizendo.

L – Essa é uma questão muito relevante. Existem estereótipos. Ao que a gente associa normalmente? O homem com padrão mais assertivo, mais firme, mais duro, mais objetivo. E mulheres, de maneira geral, mais subjetivas, mais empáticas, mais no terreno da emoção do que da razão. No melhor dos mundos, seria interessante que os homens conseguissem demonstrar um padrão de comunicação de assertividade com mais proximidade. E que as mulheres, de maneira geral, conseguissem trazer esse tom mais assertivo quando fosse o caso. A grande busca é o equilíbrio. Sermos capazes de falar o que queremos tendo cuidado com o outro.

S – Essa cultura machista é muito forte ainda nas grandes corporações, sobretudo.

C – Até na diferença salarial que comprovadamente existe entre homens e mulheres que ocupam o mesmo cargo.

L – Lá atrás, no começo da busca das mulheres por cargos mais elevados dentro das empresas, o modelo era essencialmente masculino. Inclusive no vestuário, as mulheres se vestiam de terninho preto ou cinza ou azul-marinho e desenvolviam ajustes de fala mais duros, até para "mostrarem a que vieram". Hoje as características femininas vêm sendo cada vez mais valorizadas. Com essa busca por líderes mais próximos, mais afetivos, que procuram uma interação maior, para inspirar e não só para mandar, mulheres, de uma maneira geral, tendem a ter mais facilidade.

INTELIGÊNCIA EMOCIONAL E CARREIRA

Sardenberg – Uma pessoa muito transparente no trabalho terá problema?

Leny – Dependendo do que ela está sentindo, da emoção que está latente, sim.

S – Se estiver com uma baita raiva.

L – Demonstra que o outro tirou a gente do sério. Um primeiro ponto é que estamos lidando com o conceito da inteligência emocional. Pesquisas mostram que de 10% a 30% do sucesso que as pessoas têm vem da inteligência racional, que é medida por meio do QI. E o restante, cerca de 85%, depende da inteligência emocional. Não adianta termos grandes ideias, lidarmos com descobertas interessantes, se tivermos dificuldade de expressar essas coisas.

S – Encontramos essas situações ao longo da carreira. Por exemplo, pessoas de enorme talento e que não vão para frente.

L – É muito frequente. Há uma relação grande entre o estado emocional com a forma de comunicação, que é como refletimos o nosso interior. Às vezes, a pessoa tem pavio curto e demonstra claramente a raiva. Ou está se sentindo insegura em expor algum dado e diminui a valia daquilo que está trazendo. O autoconhecimento é fundamental para conhecer a maneira como reagimos. Agora, existe uma diferença entre emoção e sentimento. O sentimento é o que motiva a emoção. E a emoção é aquilo que nos envolve de maneira forte, aquilo que vai mobilizar o nosso cérebro. Em contato com a emoção, fazemos com que o nosso cérebro dispare hormônios que vão produzir reações psicobiológicas. Pode ser uma taquicardia, uma transpiração abundante, frio na barriga, perna bamba. A forma como interpretamos isso vai fazer toda a diferença. Por exemplo, imagine que você saiu de casa, tranquilo, assobiando e, de repente, passa um carro na sua frente, fecha seu carro, você toma um susto enorme, fica bravo, começa a sentir raiva. "Que cara folgado!" Você vai desencadear uma série de efeitos no seu corpo. Agora, vamos dizer que você tome o susto e pense: "Puxa, que cara afobado, será que está levando alguém para o hospital?" E aí você modifica a forma como o seu corpo vai reagir. Você levou um susto, mas terá uma continuidade desse evento mais tranquila. É um exemplo simples de como a nossa interpretação vai modificar o decorrer dessa emoção sentida.

S – O que a pessoa tem de fazer? Assumir o controle, né?

L – Ela tem de entender que as emoções são naturais. Nós emitimos sinais o tempo todo na nossa comunicação. Respire, solte o ar, conte mentalmente até dez, pelo menos, para depois elaborar. Segundo ponto: esteja no momento presente. Às vezes, estamos na relação de comunicação e "Puxa vida, porque ele está trazendo isso? Será que..." Começamos a colocar hipóteses. O preparo para as situações mais importantes da nossa vida é fundamental para termos mais tranquilidade.

FALA MOTIVADA

Débora Freitas – Como ensinar melhor e fazer com que as pessoas retenham as informações?

Leny – É um grande desafio. Antigamente, o professor em sala de aula era autoridade máxima e as pessoas o respeitavam muito. Os alunos tinham uma postura que facilitava essa aprendizagem, havia uma condição de silêncio em sala de aula. Hoje é uma grande conquista a gente ganhar a atenção do outro. O mundo é bastante diferente, com uma riqueza de estímulos absurda. É muito desafiador para uma pessoa que busca ensinar ou apresentar uma palestra ou conduzir uma conversa conquistar o interesse do outro. Algo que pode nos ajudar é a consciência de que a maneira como nos comunicamos pode ser determinante nesse processo. A nossa comunicação contagia o nosso interlocutor. Se eu espero uma sala de aula atenta, interessada, motivada, eu também preciso falar de modo atento, interessado, motivado. O envolvimento é fundamental. O professor vai falar do mesmo assunto para diferentes salas de aula. E muitas vezes já fala sobre isso há muito tempo. Quanto mais experiência na área, mais facilidade de expor. Porém, corre o risco de entrar num "piloto automático". Começa a falar as coisas sem o devido envolvimento, sem demonstrar paixão, interesse e vai diminuir o interesse do aluno.

D – E as audiências são diferentes. Mesmo que você ensine a mesma disciplina para várias salas, cada grupo reage de uma forma.

L – Exatamente. Quanto mais o professor perceber essas reações, mais elementos terá para modificar o jeito de falar e se tornar mais próximo daquela sala de aula em especial. A primeira dica é: esteja presente, se envolva com o que você está falando. Fale com paixão e ouça com interesse as pessoas, para que possa adaptar o conteúdo que muitas vezes é o mesmo para aquele grupo. Em relação à retenção de informação, na prática tem a ver com o conceito de andragogia, que são os estudos relacionados à aprendizagem de adultos. O adulto aprende pela experiência, ele precisa vivenciar as situações. Precisa entender a aplicação prática do conceito. O professor deve buscar trazer exemplos, analogias que façam com que a pessoa entenda no que aquilo vai impactar na vida dela. Quando você ensina alguém discorrendo sobre determinado tema, tem 70% de retenção nas três horas seguintes. E três dias depois, olha que cruel, essa taxa cai para 10%. Se estou dando aquela aula só teórica, eu tenho 10% de retenção em três dias, o que é muito pouco. Se eu demonstro o conhecimento por meio de experiências, de uma aplicação mais prática, eu ganho 70% de retenção nas próximas três horas e 20% de retenção três dias depois. Opa, aqui já dobra. Agora, se eu conseguir explanar e demonstrar, trazendo exemplos práticos, ilustrando com experiências, ganho 85% de retenção nas três primeiras horas e 65% três dias depois. Essa é uma busca do professor e há uma série de recursos didáticos para isso. Trabalhos de reflexão, leitura de textos com aplicação, trabalhos de grupo com tarefas. Tudo isso faz com que o aluno tenha mais interesse e se envolva mais nesse processo.

AUTORIDADE E PODER

Cássia Godoy – É errado se sentir em uma "família" no trabalho?

Leny – Não. Está muito afinado com os novos tempos. Essa mudança no conceito de liderança é importante. Lá atrás, havia aquele ditado "Manda quem pode, obedece quem tem juízo".

C – Hoje ninguém obedece.

L – Hoje as pessoas precisam se sentir inspiradas, motivadas, até para terem melhores resultados. De uns anos para cá, alguns autores fazem referência a isso. O James Hunter, com o livro *O monge e o executivo*, mostra a importância de se buscar uma relação que seja de autoridade, mas não de poder. Poder é o que o crachá nos dá e é restrito, muitas vezes é imposto. E o subordinado vai obedecer estritamente o que for colocado. Já quando o líder tem autoridade, uma ascendência sobre o grupo, ele tem melhores resultados, porque a pessoa se envolve, veste a camisa e costuma entregar mais do que é solicitado. Tem o Gui Kawasaki, que fala sobre encantamento, e mais recentemente tem um autor, Adílson Souza, que publicou o livro *Liderança e espiritualidade: humanizando as relações profissionais*.

C – Então está certo buscarmos cultivar um ambiente mais familiar no trabalho?

L – Está certíssimo. Agora, tudo envolve risco. Quando a gente fala nesse contato mais próximo, mais afetivo, chama a atenção para a importância de se trazer valores como justiça, confiança, respeito pelas pessoas.

C – O risco é perder o profissionalismo, certo?

L – As pessoas podem confundir. Como todo padrão de comunicação, tudo tem um lado sol e um lado sombra. O cuidado aqui é não perder essa característica do profissionalismo, da necessidade de se entregar coisas. Se essa comunicação se dá de uma maneira assertiva, apesar de generosa, o liderado vai entender o recado.

ERROS NO USO DA LÍNGUA

Sardenberg – Uma reportagem do *Jornal Nacional* fala sobre uma pesquisa que apontou dados preocupantes: quatro entre dez chefes falham no português; 60% dos candidatos jovens a emprego têm no máximo nota 6 em português e o nível de alfabetização dos brasileiros é espantoso.

Leny – É muito preocupante. O primeiro dado se refere a chefes, pessoas que já galgaram degraus no desenvolvimento profissional e atingiram uma função mais importante. É um número bastante alto. Da mesma forma, os candidatos a emprego, a ala mais jovem, com no máximo nota 6. A gente vê isso no dia a dia. Um ponto importante é que, quando a gente se comunica graficamente, é como se cristalizasse o erro. Comunicação constrói percepção e quando essa percepção é perpetuada na escrita, o risco de isso se disseminar é bastante grande. O que a gente pensa quando detecta que a pessoa escreve errado? "É uma pessoa despreparada", "é menos competente naquilo que faz", "não tem uma boa base", "tem pouca cultura." Para vocês terem uma ideia, meu irmão mais velho deixou de levar os filhos num pediatra que escreveu na receita sopa de "cenoura" com "s". Constrói percepção negativa, então é um cuidado que a gente precisa ter.

S – Tem esse tipo de problema quando você recebe um relatório de médico, de um advogado, de um administrador, de um arquiteto que está reformando a sua casa, você lê aquilo e diz "não dá".

Cássia Godoy – Compromete a credibilidade do profissional, independentemente de a área dele ser ou não ligada à comunicação.

L – Cássia, às vezes, a área não tem a ver diretamente com comunicação, mas a formação de qualquer profissional passa pelo estudo, pela leitura, pela escrita. É muito comprometedor quando a gente encontra alguma coisa assim.

S – Depois, Leny, essa mesma pesquisa citava o índice de analfabetismo funcional. Entre os brasileiros, 4% são totalmente analfabetos; 23% só conseguem ler mensagens simples, como placas; 42% só o texto básico, como um pequeno post numa rede social. Ou seja, cerca de 65% leem muito pouco!

L – Uma mensagem como um post, que é visto na internet. E no mundo atual em que temos problemas de base importantes, de famílias que terceirizam a educação, famílias que muitas vezes não têm acesso a ela. Vemos um aumento progressivo nesse nível de escolaridade, mas ainda é um processo muito lento. E temos outra questão, que é uma simplificação exagerada quando as pessoas vão escrever nas redes sociais, como se fosse até a criação de um novo código. Há que se preparar e existem duas formas muito interessantes para isso. Uma é o hábito da leitura, fundamental desde a primeira infância, para começarmos a nos expor ao código e ir entendendo pela repetição, pelas aproximações, pelas generalizações que fazemos. E a outra questão é o hábito da discussão de temas. Às vezes, lemos uma coisa e não entendemos bem o que aquilo quer dizer. Aliás, só 8% dos brasileiros têm condições de saber se o texto é irônico, se é mais informativo, se é uma crítica.

C – Esse dado é espantoso, mas não chega a me surpreender muito, porque essa baixa compreensão, essa interpretação ruim de texto é uma coisa que se nota em redes sociais. Eu já vi pessoas discutindo em redes sociais e, ao observar no post original o que um respondeu e o que o outro replicou, às vezes as pessoas estão dizendo coisas muito parecidas e não entendem isso. Não entendem ironia, ficam discutindo uma coisa que nem é uma divergência.

L – Comunicação sempre gera mal-entendido porque não é o que sai da nossa boca, mas o que chega no ouvido do outro, tem um caminho no meio. Quando a comunicação é gráfica, isso se acentua, o risco é maior porque é uma comunicação mais restrita. Eu quero convidar vocês para comerem uma pizza em casa, eu olho pra vocês: "Gente! Eu vou fazer uma pizza lá em casa. Vão lá!", vocês percebem o meu tom mais animado. Se eu escrevo, não tenho como passar isso. De repente, acaba indo "gente, vou fazer uma pizza, vão lá", sem demonstrar muita vontade.

S – Põe exclamação.

L – Nós buscamos sinais gráficos, as figuras que muitas vezes colocamos nas redes sociais. O fato é que o código gráfico não foi criado para a comunicação. Lá atrás, ele foi criado para registro, nossos antepassados marcavam na parede da caverna quantos bichos eram deles e por aí vai. Então, a quantidade de informações que conseguimos passar por meio desses sinais é muito menor. Os emojis fazem muito sucesso porque são uma tentativa de complementação, necessária quando queremos demonstrar além do que está escrito. Realmente o código gráfico é mais restrito, o que aumenta o risco de mal-entendidos, então precisamos nos preparar para transmitir bem a nossa mensagem.

S – Isso é também uma demonstração clara do fracasso da nossa escola. Fracasso da alfabetização, do ensino fundamental. As escolas tinham de botar essa história de "ler um livro a cada tanto tempo". Algumas escolas têm isso, mas a maioria, não. "Aprender tantas palavras por semana".

L – São coisas que acabam estimulando. Leitura é algo tão gostoso que precisa ser incentivado, desenvolvido na criançada para que haja esse hábito, que só traz benefícios. Dessa forma, o aluno vai se aprimorando na utilização de um código que todos conhecem. É como a história da roupa que usamos. Temos no nosso guarda-roupa várias opções. Dependendo da situação, vamos escolher uma determinada roupa para nos representar. É fundamental, inclusive, que conheçamos o uso correto da língua para que tenhamos a licença de, em eventos mais informais, em situações mais descontraídas, usar de uma forma diferente.

Comunicação e negócios

90

IDADE MÍDIA

Sardenberg – Quando eu comecei no jornalismo, as empresas não falavam. Elas não queriam aparecer e era uma posição meio autoritária: "Não falo e pronto", "Não dou declarações"... Isso mudou completamente. Hoje as empresas falam, e não só os principais dirigentes, mas elas nomeiam porta-voz, "tal assunto é fulano, tal assunto é fulano", e essas pessoas estão toda hora tendo de enfrentar a mídia, que está em tudo quanto é lugar.

Leny – Hoje, qualquer pessoa na rua pode ser abordada, pode falar alguma coisa que vai ser gravada no celular, pode ser fotografada, isso pode ir para as redes sociais, pode ir para as emissoras de TV, de rádio. A disseminação é bastante grande e as pessoas têm de tomar um cuidado grande em relação a isso. Essa mudança que você comenta, Sardenberg, tem a ver com a época de transparência total que a gente vem vivendo. Hoje, as empresas que se negam a se colocar são muito malvistas. Então, é importante que haja esse cuidado, essa preparação. Eu costumo dizer que comunicação é uma situação muito delicada. Sempre há o risco de provocar o mal-entendido. Isso acontece em todas as situações da nossa vida. Com os nossos amigos, colegas de trabalho, com inimigos mais ainda. Nessas situações de mídia, a delicadeza aumenta mais, há a presença de um ser intermediário, que é o jornalista, que vai ouvir a informação e interpretar ao seu modo. É muito comum, quando a gente é criança, brincar de telefone sem fio. Alguém diz uma palavra que vai sendo dita no ouvido do vizinho gradativamente, e quando o último fala a palavra todo mundo morre de rir, porque sempre essa palavra é modificada.

S – Sobre essa posição de parte dos jornalistas, tem uma história famosa do ex-senador Severo Gomes, em que o jornalista faz uma pergunta e ele fala: "Mas você está fazendo essa pergunta como jornalista ou como ser humano?".

L – Porque as intenções podem ser outras. De repente, o porta-voz está interessado na entrevista, em falar bem da empresa dele, fazer uma propaganda, e às vezes o jornalista tem outra ideia, está indo lá investigar alguma coisa. Então, deve sempre haver esse cuidado. É preciso atenção para que essa transmissão seja a mais fiel possível. Para isso, existem alguns cuidados, é bacana que tenhamos o costume de eleger as mensagens previamente. É interessante que identifiquemos aquelas mensagens que são positivas, pensar em exemplos, em *cases*, ilustrações, analogias para fazer com que aquela informação fique mais concreta para o público que está assistindo, que está ouvindo. E é interessante também que identifiquemos eventuais mensagens negativas, que sabemos que vão produzir polêmica, controvérsia e que busquemos, nessa preparação, argumentos para lidar com essas questões. Outro fator de dificuldade é a repercussão. Então o cuidado deve ser dobrado. Não dá para dar entrevista sem fazer lição de casa. A pessoa deve identificar os seus pontos fortes, os seus pontos fracos e ter essa consciência plena.

RELAÇÕES COM O CONSUMIDOR

Sardenberg – Relações com o consumidor. Henry Ford dizia que o cliente podia escolher qualquer cor de carro desde que fosse preta. Essa é uma frase famosa do começo do século passado. Na verdade, ele dizia isso porque a cor preta era a mais barata, secava mais rápido, então, permitia que a produção fosse mais ágil.

Leny – Era produção em massa. Isso demonstrava claramente que quem definia o que seria comprado ou não era o produtor, quem fazia o carro. Hoje essa relação mudou radicalmente. Temos consumidores que são muito mais exigentes, que não têm a mínima fidelidade, acabam experimentando diferentes coisas. Antes, a pessoa comprava o carro da Ford e repetia, só ia trocando o ano e se mantinha fiel à marca. Hoje o consumidor é muito mais crítico e com muito mais opções de escolha, então ele sempre vai em busca do que considera melhor.

S – A variedade é enorme e as facilidades de produção também. Você vê nas ruas, a quantidade de automóveis diferentes é impressionante.

L – E também o fato de a internet favorecer que você venda coisas que não tem em estoque o tempo todo. Por exemplo, antes a gente ia em livraria e sempre tinha em posição de destaque os livros que a livraria queria vender mais. E acabavam se tornando *best-sellers* porque estavam lá expostos e as pessoas viam. Hoje, há livrarias virtuais, em que você pode pedir qualquer título, o sujeito não tem de armazenar aquilo tudo fisicamente para vender. Então a sua possibilidade de escolha é muito maior.

S – Você compra automóvel assim. Vai no site e vai montando do jeito que quer. Põe isso, tira aquilo... Faz sob encomenda, com vários outros produtos.

L – Personalizados. Houve uma mudança nessa relação e as empresas dão cada vez mais importância à pesquisa porque elas precisam saber quem é o tal do consumidor. A gente vem vivendo, de uns anos para cá, a onda da saúde. O politicamente correto é ser saudável, ingerir alimentos mais saudáveis. Várias indústrias alimentícias, por exemplo, estão substituindo corantes e aromatizantes artificiais por naturais, porque o consumidor está em busca disso. Colocar algo que denote que o alimento é saudável alavanca muito as vendas. As empresas atentas a isso conseguem vender mais porque atendem a essa expectativa. Um ponto importante é mapear quem é a audiência, quem é o consumidor, quem é o público-alvo. As empresas fazem isso por meio de pesquisas que tentam saber quem são as pessoas, mas, além disso, é importante saber quais são as expectativas, as necessidades que elas têm, quais são suas dores, quais são até os preconceitos que possam ter. E isso vai determinar a sua oferta para que você possa acertar mais.

S – E essas pesquisas hoje são muito detalhadas. Sem contar a pesquisa que eles fazem via internet. Você compra isso, compra aquilo. Vai no site, escolhe o livro que vai comprar. Imediatamente aparece "você pode estar interessado também em..." ou "Pessoas que compraram esse livro também compraram...".

L – Isso é bacana, porque você acaba ficando em contato com coisas que nem imaginaria e que têm a ver com o seu interesse.

S – Tem dois lados aí. Tem gente que acha muito invasivo.

L – Mas você sempre tem a escolha. Eu vou lá, compro um livro que me parece interessante. Aí a livraria virtual me sugere outros do mesmo padrão, cabe a mim decidir se eu quero comprar ou não. É uma forma de facilitar.

S – Em geral, hoje em dia, como forma de respeito ao consumidor, vários desses sites, quando você faz o cadastro, dizem: "Quer receber as notificações?". Por exemplo, sites de viagem. Você fez uma reserva de viagem: avião, hotel numa determinada cidade. E começa a receber ofertas relativas àquela cidade.

L – E você pode escolher receber ou não. Porque às vezes também fica abusivo e a gente fica com a caixa de e-mails lotada de mensagens que nem são tão relevantes. O ponto principal dessa ideia é mostrar que a empresa deve sempre buscar identificar o que vai interessar do ponto de vista do consumidor. E isso é importante para a comunicação. A gente pode extrapolar esse conceito, por exemplo, quando você vai dar uma palestra, identificar o que aquele público-alvo precisa, pelo que se interessa, qual a expectativa deles. Aqui na rádio, quando você informa os ouvintes, precisa saber as necessidades, o que a pessoa busca. Hoje, com a possibilidade também das redes sociais, vocês aqui na rádio têm muito acesso ao que o ouvinte está buscando, o que ele pensa daquilo que você falou. São ferramentas que podemos e devemos utilizar para entregar aquilo de que o outro precisa. Isso vale para as empresas em relação aos produtos, vale para a gente aqui na rádio, vale para um professor ter a sensibilidade de identificar o que o aluno precisa naquele momento. Para a boa comunicação, é fundamental ter essa escuta, saber ouvir e identificar o que o outro precisa. Antes de falar, ouvir.

S – Para a gente falar direito.

EMPRESAS COM "HORMÔNIOS DO BEM"

Sardenberg – A gente pode estudar, ensinar, aprender felicidade?

Leny – Podemos, sim. E as empresas estão bastante atentas, pois é muito clara a associação entre pessoas que entregam bons resultados e um estado pessoal de mais felicidade, de mais bem-estar. Uma pesquisa interna realizada em 2014 no Google perguntava: "Quais as principais características dos funcionários com melhores desempenhos na companhia?". E o que chamou atenção: um acolhimento emocional bastante grande, um ambiente de confiança e os profissionais muito confortáveis para contribuir com suas percepções em relação ao trabalho, sem ameaças ou críticas. As pessoas se sentindo tranquilas, tendo bem-estar, se sentindo acolhidas no ambiente onde atuam. A partir dessa pesquisa do Google, surgiu uma lista de recomendações para os profissionais que começava com a importância de se manter contato visual. Eu já havia comentado sobre um autor norte-americano, Simon Sinek, que traz um conceito que chama de "círculo de segurança". Ele diz que isso tudo tem a ver com hormônios que produzimos. Segundo ele, quando nós estamos num ambiente de trabalho tranquilo, onde nos sentimos acolhidos, respeitados, produzimos hormônios do bem, que são endorfina, dopamina, ocitocina e serotonina. Esses hormônios fazem a gente se sentir bem. E ele diz que, quando a empresa gera um clima mais hostil, com uma sensação de insegurança maior, as pessoas gastam energia buscando se sentir protegidas.

S – Buscando proteção, para escapar das confusões da empresa.

L – Exatamente. Daquele risco. E as pessoas vão produzir adrenalina e cortisol, que são hormônios do estresse. Um especialista em desenvolvimento humano brasileiro, Luciano Alves Meira, de Goiânia, incluiu uma disciplina chamada Desenvolvimento Humano na grade curricular de cursos de pós-graduação em 40 cidades. Nesse curso, ele trabalha com habilidades sociais, emocionais e comportamentais, tais como autoconhecimento, assertividade, flexibilidade, criatividade, empatia, pensamento crítico e trabalho em equipe.

S – Muito legal isso de um ambiente positivo gerar, como você falou, os hormônios do bem. Muitos presidentes de empresa deveriam saber disso. Tem muita empresa que cria um ambiente muito tenso.

L – Ou a gente vai começar a perder oportunidade de render no trabalho, o que é ruim.

E-MAIL X PRESENCIAL

Débora Freitas – Um ouvinte pergunta: "Há gente que acha muito mais fácil mandar e-mail para solicitar algo do que falar pessoalmente. É eficiente? Estou correto?"

Leny – Não está correto porque o e-mail é um instrumento com um potencial muito grande de gerar mal-entendidos, de deixar de passar qual é a intenção, qual o interesse da pessoa que busca aquela situação de comunicação. Há um trabalho na Universidade de Waterloo, no Canadá, e de Cornell, em Nova York, que mostra que falar pessoalmente é 34 vezes mais eficiente do que enviar um e-mail. O dado foi publicado na *Época Negócios*. Eles fizeram um estudo em que as pessoas tinham de mandar e-mails fazendo pedidos e outras tinham de falar pessoalmente com o interlocutor. Quero ressaltar que todas eram pessoas desconhecidas. O que aconteceu? Solicitar para seis pessoas diretamente teve o mesmo efeito de aceitação de enviar 200 e-mails. A primeira coisa que me chamou a atenção é que, quando a gente se comunica, constrói percepção. E isso é rápido, inconsciente e gera reação. Se eu estou fazendo um pedido para vocês, por exemplo, espero uma reação concordando com aquele pedido e vocês, realizando aquilo que estou solicitando.

O que constrói essa percepção é um trio de recursos. Os verbais, que têm a ver com as palavras, com o jeito como formulo as frases, as expressões que eu utilizo. Os recursos não verbais, que são os da imagem, têm a ver com postura, gestos, expressão facial, direcionamento do olhar. E os recursos vocais, que têm ver com o modo como falo. É claro que, se eu tenho a oportunidade de estar olho no olho com alguém que vai me fazer um pedido, eu tenho condições de identificar muito mais claramente quais as intenções da pessoa, como ela é, como se apresenta. Quando tenho o e-mail, há uma limitação. Eu só vou ter o recurso verbal. Vou olhar as letras, as frases na tela do computador e vou entender objetivamente o que a pessoa está buscando, mas deixarei de ter acesso a esse rol imenso de sinais que vão me mostrar se o outro merece o meu favor.

D – Você não sabe da real necessidade e, se estiver de má vontade, tem tempo para arrumar uma desculpa para não fazer.

L – Exatamente.

Cássia Godoy – Muitas vezes, quando a pessoa nos escreve um e-mail, a impressão é de que ela está mais séria ou quase brava. E se é uma pessoa que você conhece – e não era o caso dessa pesquisa, que era feita entre desconhecidos – pensa: "Nossa, mas fulano não é assim". É porque é um tipo de comunicação mais fria.

L – Totalmente fria. E aqui também tem o impacto de como nos sentimos em relação à pessoa. Se um chefe nosso manda um e-mail curto e direto, do tipo: "Preciso falar com você, venha até a minha sala" e se você é uma pessoa insegura, periga começar a pensar coisas do tipo: "Meu Deus, o que será que fiz de errado? Ele vai reclamar. Deve me cobrar por alguma coisa". A gente já percebe um tom hostil no convite, que pode nem ser real. Se eu sou uma pessoa mais segura, tenho tranquilidade em relação ao que faço, me sinto confiante, posso encarar: "Puxa, pode ser uma oportunidade interessante. Ele está me fazendo um convite". A quantidade de interferências quando a gente escreve ou lê um e-mail é muito grande. E quando a gente tem muitas opções, a tendência é ficar na dúvida e se recolher.

D – Mas temos de fazer uma ponderação, pois corporativamente as solicitações via e-mail podem ser bem detalhadas e a informação não se perde e, ainda, serve como prova. Também tem a questão dos aplicativos de mensagem, que hoje a gente usa para praticamente tudo. Acabam substituindo os pedidos verbais.

L – Exato. Falando de uma maneira mais generalizada, quando você consegue se comunicar com alguém usando um rol maior de recursos que permitem fazer com que o outro entenda efetivamente o seu estado, aquilo que você busca, o que você pretende, a sua probabilidade de aceitação é muito maior. E aqui estamos nos referindo a um pedido de um desconhecido. Então, dois pontos a serem ressaltados. Primeiro, todo pedido vai requerer boa vontade da parte do outro e existe um conceito interessante, que é a ideia do merecimento, ou seja, precisamos sentir que a pessoa é merecedora daquilo que vamos fazer. Segundo ponto: pedido de desconhecido, a pergunta é "essa pessoa é confiável?". Numa oportunidade de olho no olho, conseguimos perceber isso melhor. Tem a questão do registro, porém há outras formas de garantirmos esse registro. Pode ser até com uma ata pós-reunião presencial.

CRISE DE REPUTAÇÃO

Sardenberg – Um assunto que vem sendo mais estudado é a crise nas empresas. Por exemplo, nas crises de 2008 e 2009, bancos apanhados fazendo falcatruas, manipulando mercados e tal. Uma empresa de petróleo em que houve vazamento, um avião que cai. Mais recentemente no Brasil, grandes empresas, empreiteiras com negócios no exterior, foram apanhadas na Operação Lava Jato. Aliás, crises se sucedem com uma velocidade impressionante, com mineradoras e instituições públicas sendo expostas de modo negativo. Há uma crise de reputação, de imagem, e pode haver consequências graves, e já houve empresas que sumiram. Como lidar com isso? É um trabalho de comunicação?

Leny – Sim. Numa situação de crise, você vai ser chamado a falar e é fundamental se preparar para isso.

S – E falar numa situação horrorosa. Ter de explicar um crime, um desastre, uma suspeita de roubo, de descaso, uma coisa malfeita.

L – Tem que se desculpar por erros, por coisas erradas que ocorreram. Isso tem um impacto tão importante que grandes empresas, de uma forma geral, têm seus comitês de crise. Grupos de funcionários preparados para lidar com eventuais situações. Estudiosos dessa área dizem que a maior parte das crises é previsível. Curiosamente, 15% acontecem por razões externas e 85% por razões internas. Existe um primeiro ponto que é fundamental. A opinião pública tende a ter boa vontade com empresas com uma melhor reputação, que é um ativo supervalorizado.

S – Que você não vai conquistar na hora em que precisa.

L – Exatamente. É todo um processo, construído com o tempo. O empresário norte-americano Warren Buffet fala que "a gente leva vinte anos para construir uma reputação e cinco minutos para arruiná-la". Daí a importância de as pessoas cuidarem da sua reputação, da imagem passada para a opinião pública, mas até para aqueles públicos menos prováveis, como acionistas, funcionários. Porque hoje qualquer um pode sacar o celular do bolso e filmar uma situação. O cuidado com a comunicação tem de se estender a todos esses públicos. O líder tem uma responsabilidade enorme. Há pesquisas que mostram que 66% dos consumidores atribuem a reputação da empresa ao CEO, aos grandes líderes. Se uma empresa está vivendo uma crise, é fundamental que ela fale, senão alguém vai resolver falar por ela. E aí pode ser muito pior. Alguém vai ocupar o seu lugar e falar o que quiser. Então, algumas atitudes são desejáveis. Assumir a responsabilidade. Aqui, alguns detalhes fazem a diferença. Imagine que você é o líder de uma empresa que está vivenciando uma dificuldade. Ao falar em público, você abre falando o seu nome e o cargo que ocupa. É um sinal de comprometimento. Como se falasse: "Estou aqui assumindo a responsabilidade". É importante sempre dizer a verdade, mesmo que se sinta mal com aquela situação. Deve-se tomar cuidado com as palavras. Muitas vezes, quando a pessoa é entrevistada, chegam palavras ruins, acusações. E se ela se apropriar dessas palavras para responder, pode produzir um impacto pior. Por exemplo: "De quem é a culpa disso?". A tendência de resposta é usar a expressão "culpa". Mas é muito mais adequado que ela responda: "Nós vamos apurar a responsabilidade".

S – No caso da Lava Jato há vários políticos denunciados, envolvidos. E eles negam. "Absolutamente, não tenho nada com isso e vou continuar no meu cargo." E quando você compara com o comportamento em outros países, o sujeito ocupa um cargo importante e é denunciado, a primeira coisa que ele faz é se afastar do cargo. "Eu vou me defender, então eu me afasto do cargo para inclusive poder me defender melhor." Aqui o sujeito não larga a rapadura de jeito nenhum.

L – É uma distorção e dificulta muito esse processo.

S – E se afastar não é admitir a culpa. "Olha, eu vou me afastar até para contribuir com a investigação."

L – Quando se tem algo a esconder, dá a entender que é melhor ficar por lá para tentar proteger. Quando é o contrário, é mais interessante assumir uma postura deixando claro que não tem nada a esconder e que faz questão de que a verdade apareça. É muito importante demonstrar o interesse em se descobrir quem são os responsáveis para que haja ações para coibir futuros problemas. Também é interessante, para quem fala, colocar o foco nas ações e no auxílio que prestará. Por exemplo, se for uma crise que envolva prejuízo de pessoas, é fundamental que a empresa traga logo de cara quais as ações feitas nesse sentido. Há até uma hierarquia de cuidados que os especialistas recomendam, que é, em primeiro lugar, foco nas pessoas. Em segundo, no meio ambiente. Em terceiro, em relação aos ativos da empresa. É importante também que haja uma coerência entre as mensagens passadas. Porque, muitas vezes, as pessoas são entrevistadas e cada porta-voz – ou até quem não é, mas se coloca como – fala uma coisa diferente. Aí se constrói uma percepção de falta de veracidade, de fraqueza de posições, de enrolação, de pouco profissionalismo.

SINAIS ALÉM DAS PALAVRAS

Sardenberg – A gente está cada vez mais conversando com robôs.

Leny – Há um lado positivo inegável, que é uma baita facilidade em receber informações. Um tempo atrás, quando a gente não sabia ir para algum lugar, era complicado. Você tinha de perguntar para alguém, tentar memorizar. E hoje é uma maravilha ligar um aplicativo no carro e ser conduzido. Por outro lado, há uma grande perda na humanização da comunicação. A comunicação emite muitos sinais além da palavra utilizada. Então, nesses aplicativos, essa fala robotizada utiliza as palavras e entendemos a mensagem. Só que numa situação humana de comunicação nós temos todas as variações: as mudanças de entonação, as ênfases, as pausas marcadas, o tom.

S – Será que vão fazer isso nos computadores? É capaz, né? Por exemplo, programar uma orientação de trânsito que seja amorosa.

L – Sim. Inclusive há muitos estudos sobre isso mostrando as características de uma fala em diferentes situações. Quando envolve mais afetividade, quando é uma bronca, quando é algo mais bem-humorado. E há serviços que já estão se apropriando disso. Mas nunca será como dois seres humanos interagindo, porque as variações que conseguimos colocar são inúmeras.

S – Será que vão conseguir colocar em um robô – declamando um trecho de uma peça de teatro, um poema, uma fala de Shakespeare – toda a entonação, toda a emoção que a gente vê num ator?

L – Sinceramente, acredito que não. Pode até se aproximar dessa ideia de captar a intenção, de saber que é algo mais afetivo ou opressivo. Os estudos da linha "fala e emoção" servirão de base para essas programações. Isso já existe, e vai depender de quem estiver programando naquele momento. Existem as nuances: a expressão do rosto, a característica da comunicação não verbal. Então, é algo que nos ajuda, tem o seu lado positivo, mas jamais vai substituir a nossa sensação de aconchego, de proximidade, de empatia de uma comunicação natural. E até quando se fala da substituição do jornalista, não tem como.

S – Já se fala que em agências de comunicação, agências de informação, estão pesquisando usar robôs para preparar o noticiário básico. Por exemplo, informações sobre bolsa de valores, sobre o tempo seriam matérias jornalísticas produzidas por robôs.

L – Talvez o levantamento dos dados, ok. Agora, como você interpreta isso, a análise, aí são coisas para uma cabeça pensante.

S – Por outro lado, se pensarmos em atendimento há empresas que estão procurando evitar a padronização. É o caso do McDonald's, que é o sistema mais padronizado do mundo. Todo mundo fala igual, as mesmas coisas. E agora eles estão mudando.

L – Exatamente. Eles estão buscando essa mudança. Porque as pessoas estão sentindo falta de um padrão de comunicação que seja mais personalizado, mais próximo, já que isso acaba gerando mais conexão. Quando as pessoas falam do mesmo jeito, oferecem as opções do mesmo jeito, fica com uma cara muito impessoal. O Paulo Camargo, que é presidente da divisão brasileira da empresa que controla a marca aqui no país...

S – Que se chama Arcos Dorados, uma empresa argentina, que controla o McDonald's na América Latina.

L – Ele fala que o consumidor mudou. Eles identificaram, por meio de pesquisas, que os clientes estão buscando um atendimento mais pessoal e não mais aquele padrão mais repetitivo, previsível. Hoje a gente vive num mundo com muitos estímulos. Estamos

COMUNICAÇÃO E NEGÓCIOS 107

com a TV ligada, o computador ligado, entra mensagem pelo celular. O que vai chamar a nossa atenção? Aquilo que sai do padrão. O que está no padrão, com essa competição enorme de estímulos, acaba passando batido. Quando a pessoa sai dessa previsibilidade, ela ganha mais a nossa atenção.

S – Como eles vão fazer isso?

L – Cada vez que você pedia um sanduíche vinha a pergunta: "Acompanha batata frita?". A sugestão hoje é que a pessoa que estiver interagindo com o cliente converse de uma forma mais natural. Por exemplo, você pede um lanche e eu falo: "Ah, você gosta desse lanche? Hoje a gente está com uma batata diferente que acompanha tal coisa. Você gostaria de experimentar?". É um contato mais pessoal, mais particular, mais personalizado.

S – Isso não vai aumentar o tempo de fila?

L – É uma questão. Na comunicação natural, você tem menos controle. Imagine que você é um cliente mais falante. Pode ser que leve mais tempo.

S – Vamos dizer que eu pergunte: "Mas como é esse molho? Vai muito queijo ou vai pouco queijo?"...

L – É um risco que eles terão de correr para ver esse andamento. O fato é que as pessoas buscam essa ideia da conexão, esse contato mais pessoal. É uma aposta. Da mesma forma, alguns clientes não vão dar pano para manga. O cara vai falar "sim", "não", "quero".

Mas, de todo modo, mostra uma valorização do outro e isso gera mais conexão. Quanto mais a gente conseguir sair de um piloto automático, mais a gente vai gerar interesse na comunicação. Porque passamos a falar com mais envolvimento, com mais emoção e isso gera conexão.

S – São dois movimentos. Um é esse de ter mais comunicação, mas, por outro lado, tem essa tendência de automação. Por exemplo, para falar do próprio McDonald's, eu já vi lojas nos EUA e na Europa que têm um *touch screen*, você vai na tela e depois vai no balcão só para buscar, sem conversa nenhuma. Balcão de check-in de avião. Tudo automatizado, não tem conversa.

L – Verdade. Aí há ganhos em termos de agilidade. Você vai lá, escolhe, de uma maneira muito objetiva. Agora, muitas vezes, as pessoas sentem falta desse contato um pouco maior. Então, é aquela busca pelo equilíbrio do que é prático, mais ágil, e essa questão do atendimento mais personalizado que cada vez mais tem sido deixado de lado. De repente, alguém que decide partir para isso consegue sair na frente e resgatar uma interação mais humana.

GÊNERO NA INTELIGÊNCIA ARTIFICIAL

Fernando Andrade – A gente vai falar das vozes nos aplicativos, aquelas que a gente ouve no Siri, no Alexa, no Waze. Há uma discussão sobre gênero nos aplicativos. Por quê?

Leny – Tem uma pesquisa no periódico *The Drum* que fala o seguinte: hoje, cada vez mais a gente usa inteligência artificial, programas de ouvir a voz da pessoa para dar ordens, responder questões e tudo mais. Os autores colocam duas discussões: a primeira diz respeito à questão do gênero. A grande maioria dos serviços utiliza vozes femininas. E é curioso porque 80% dos que colocam essas vozes são homens que trabalham com essa tecnologia. Os pesquisadores divergem quanto às justificativas ou ao impacto disso. Existe a possibilidade de mudar o gênero no Google ou na Apple. O próprio usuário pode fazer isso. Mas praticamente ninguém o faz. Eles colocam uma questão de estereótipo feminino, porque estamos acostumados a associar vozes femininas à secretária-executiva, alguém em cargo administrativo, que dá um respaldo para as pessoas fazerem as coisas. Algumas pessoas dizem que isso gera um estereótipo, o que não é interessante. E há outra corrente que defende que as vozes femininas são mais acolhedoras, constroem uma ideia de mais aconchego, daquela que cuida do outro. Tanto que a gente tem a voz do aeroporto, as vozes das estações de trem e de metrô.

F – A segunda do aconchego tem mais a ver.

L – Acredito que sim.

F – Mas gera a discussão do gênero, sem dúvida.

L – A gente pode até discutir. Mas, de qualquer maneira, está sendo eficiente e conseguindo trazer as respostas que as pessoas buscam. Essa ideia do aconchego tem a ver com outra pesquisa, feita com crianças de 5 a 12 anos, que concluiu que ser acordado pela voz da mãe é três vezes mais eficiente do que por um alarme de incêndio. Existe essa associação. A voz constrói percepção e, quando você se sente acolhido, tende a reagir de um jeito melhor. Agora, a segunda parte da discussão diz respeito ao fato de a gente querer que seja uma voz mais humanizada em vez de uma voz mais robótica. É consenso que as pessoas preferem uma voz mais humanizada, porém há que se deixar claro que se trata de um robô. Por quê? Porque, ao ouvir uma voz que se aproxima demais de uma voz humana, ele vai sentir falta da percepção da empatia. Quando você fala com seres humanos, busca um acolhimento diferente. Se eu sei que é um robô, essa empatia vai até um ponto. Não tem como avançar a partir dali. Agora se a voz parece humana e o usuário não é esclarecido sobre isso, ele aumenta o nível de expectativa e espera que haja empatia. Como não vai acontecer, ele vai se decepcionar.

Evelin Argenta – Como naquele filme, o *Her* (*Ela*), em que o protagonista se apaixona pelo sistema operacional.

F – Daqui alguns anos, haverá um equipamento para colocar no seu ouvido, que será a sua secretária, a sua psicóloga, a sua psiquiatra, vai ser tudo. Só que é um aparelho. Vale muito a pena ver esse filme. E é uma voz feminina.

L – Tem uma pesquisa da Universidade de Indiana, de 2017, realizada com 151 homens e 334 mulheres. E tanto homens quanto mulheres preferem vozes femininas. E justificam falando dessa ideia de aconchego, de acolhimento, de mais calor humano. E aí parece que as coisas funcionam melhor. É curioso, a forma como a gente se comunica gera reação. E parece que, para esse tipo de sistema, há a necessidade de se sentir essa proximidade de alguma maneira.

VIÉS INCONSCIENTE

Cássia Godoy – O que é o viés inconsciente e de que maneira pode afetar a vida das pessoas, inclusive em recrutamento para as empresas?

Leny – A Filarmônica de Nova York e a Orquestra da Filadélfia tinham, na década de 1970, cerca de 5% apenas de mulheres em seus quadros. Os líderes do processo acharam esse número muito baixo e resolveram fazer uma experiência com uma audição às cegas. As pessoas simplesmente ouviam o profissional tocando e escolhiam. Houve um aumento de 50% na ocorrência de mulheres fazendo parte das filarmônicas e das orquestras! Ou seja, antes, as pessoas ouviam as mulheres e tendiam a avaliar de uma forma negativa. Isso tem a ver com o conceito do viés inconsciente, que é um padrão de pensamento que acabamos reproduzindo de forma absolutamente automática. Trazemos para a nossa mente alguns conceitos em relação àquela percepção e tomamos a decisão em cima disso. Em um segundo, o nosso cérebro consciente recebe cerca de 11 milhões de bites de informação. É muita coisa. Só que esse cérebro só processa 40 bites. Nós fazemos associações rápidas quando somos chamados para decidir alguma coisa, baseados em experiências anteriores. Se eu tenho na minha cabeça o conceito, por exemplo, de que pessoas estrangeiras têm um rendimento diferente, eu tendo num primeiro momento a rejeitar ou a aprovar. Se eu ouço a sua voz e a percebo como uma pessoa muito jovem, se eu associar à imaturidade, tendo a rejeitar. Tem a ver com hábitos que a pessoa tem, com a origem dela. É um viés que acabamos levando em conta e que vai interferir na nossa decisão. A forma como nos comunicamos traz isso de uma maneira muito forte para o nosso interlocutor. Em referência à idade, a voz nos escancara para as pessoas. Por meio da voz, eu posso te achar mais nova ou mais velha, posso te achar antipática, superficial ou posso te achar madura, séria, e isso vai impactar no julgamento em relação a ouvi-la ou não, por exemplo.

C – Uma pesquisa da Universidade de Harvard demonstrou o que acontecia com os currículos de candidatos a vaga de emprego a partir do sobrenome da pessoa. Quando compararam as que tinham sobrenome de origem árabe e de origem europeia, perceberam que os sobrenomes de origem europeia tinham uma taxa de retorno, de contato, muito maior do que os que tinham sobrenome de origem árabe. Aqui no Brasil, o Ipea fez uma pesquisa em relação aos salários e os maiores estavam associados a sobrenomes estrangeiros. Agora que a gente sabe que isso existe e acontece, como fazer para não deixar que esse tipo de preconceito inconsciente acabe afetando decisões importantes?

L – Do ponto de vista de contratação, de escolha, algumas empresas aqui no Brasil já estão atentas a isso, com ações como omitir dados e trazer esses temas para discussão. Quando omito dados e trago só a produção da pessoa, a história, a formação, só o currículo, eu tenho uma chance maior de avaliar sob critérios mais justos. Tem até a questão de revelar ou não a faculdade que a pessoa cursou. E há os que se surpreendem contratando aquele que não é formado por uma universidade de renome. Porque, claro, tem pessoas competentes que tiveram uma formação em uma faculdade que não é tão considerada. No caso das empresas, tem a ver com um padrão de mais justiça, esses vieses acabam sendo camuflados por conta da omissão de alguns dados. O recrutador vai avaliar só dentro da experiência que o candidato mostra ou até da maneira como ele se expressa. Isso seria mais justo, coerente com a busca de contratar pessoas melhores. Tem um dado interessante da Carla Tieppo, uma neurocientista da Santa Casa de São Paulo, que fala sobre a importância das empresas terem equipes diversas, que tenham repertório de visões diferentes. Pessoas diferentes vão trazer outras soluções, reagir melhor às diferentes demandas do mercado.

C – Quando você trabalha em empresa que atende clientes em outras regiões, qual o limite que pode ter para o seu sotaque?

L – O sotaque é outra característica que traz esse tal do viés, porque fazemos associações com os nossos preconceitos, com o que entendemos do local de onde a pessoa é originária. Aqui tem a questão do preconceito que pode interferir, depende dos valores, daquilo que você acredita em relação àquele local, e tem o segundo ponto, que são os ruídos de comunicação que pode gerar. O sotaque faz referência ao local de vivência da pessoa e faz parte da nossa história de vida, de comunicação. Agora, se eu tenho uma característica de sotaque exagerada, com muito ruído, marcado demais, o outro vai prestar mais atenção nesse modo diferente de falar do que no conteúdo que estou trazendo. E aí há que ter uma suavização desse padrão.

C – A gente está falando de suavização, não de neutralização.

L – Nem existe essa história de neutralização. O sotaque compõe a nossa história de vida, mostra para as pessoas de onde somos, aquilo que já vivenciamos e nós temos mais é que ter orgulho da nossa história. Agora, é claro que devemos evitar excesso para não distrair o nosso interlocutor, para que ele fique atento ao conteúdo.

GESTORES DE SONHOS

Sardenberg – Você trouxe o tema gestores de sonhos.

Cássia Godoy – Que profissão interessante, hein?

Leny – Não é bonito? As empresas que não são bobas estão percebendo o tanto que isso pode contribuir, fazer diferença nos resultados.

S – A pessoa realizar sonhos, ser feliz ou, então, a pessoa que trabalha porque tem de trabalhar.

L – E isso faz uma diferença enorme nos resultados. Essa ideia partiu de uma dupla, Ricardo Castanheira e Laura Torres. Eles percebiam que havia muita infelicidade nas empresas e isso deveria, na opinião deles, ter algum impacto nos resultados. Fizeram uma série de levantamentos, de pesquisas sobre o tema e descobriram que, se as pessoas se sentissem mais felizes, mais engajadas no trabalho, elas poderiam trazer melhores resultados. Eles partem de uma proposta que começa no seguinte: o Instituto Gallup trouxe uma pesquisa que mostrou que 73% dos trabalhadores brasileiros estão desengajados das suas empresas.

C – Bastante.

L – Sim, 73% é um número muito alto. É uma pesquisa que avaliou esse nível de envolvimento, considerando uma série de aspectos. O que fica muito evidente é que um funcionário nessa condição vai tentar entregar o mínimo possível, aquilo que é solicitado, que é cobrado. É uma pena, porque ele acaba se comprometendo menos e entregando menos também. As pesquisas mostram ainda que, quando o funcionário se sente engajado, mais feliz, ele passa a trabalhar ou atuar de uma forma mais apaixonada, mais energética e, com isso, traz melhores resultados. Outra pesquisa mostrou que quando o funcionário está engajado e se sente mais feliz, a empresa tem 22% de aumento de produtividade, 21% de aumento de lucratividade e aumenta 10% na retenção de funcionários.

S – Isso tem a ver com aquela história de Harvard, onde tem um curso de felicidade.

L – É, tem um livro maravilhoso, *O jeito Harvard de ser feliz*, de um autor chamado Shawn Achor. As empresas, de uma forma geral, estão dando mais atenção ao estado mental, emocional dos seus funcionários. E esse livro fala de uma teoria que diz que pessoas que fazem sucesso na vida se sentem mais felizes. São pessoas mais realizadas que atingem a felicidade. Mas ele diz que, na realidade, essa equação está invertida. As pessoas felizes é que fazem sucesso. É o contrário. Então, a felicidade é uma condição de base. O autor conta que, quando começou a atuar em Harvard, se sentiu num paraíso, um centro de excelência. E que via as pessoas que estavam lá como especiais, pois haviam passado por um processo longo de seleção e atingiram um grande objetivo. E, para sua surpresa, percebeu que grande parte desses alunos era infeliz. Ele conta uma história engraçada de quando foi fazer um curso que anunciaram por lá de bem-estar. Ele falou: "Que bacana! Deve ser interessante". Primeiro dia de aula: "Como lidar com a depressão". Segundo dia: "Como lidar com pensamentos persecutórios" e assim por diante. Ele falou: "Nossa, mas não era de bem-estar? Só tem tragédia aqui". E começou a fazer uma análise contrária do que as pessoas fazem. Todo mundo vai estudar o cara que está infeliz, para ver como ele pode melhorar, sair daquela condição. E ele, ao contrário, foi observar a minoria que se mostrava feliz naquele ambiente. E aí há uma série de condições, de características.

C – Para alguém que é leigo, a primeira coisa que imagina é "de repente, alguém que está muito satisfeito, está muito engajado, é alguém muito bem remunerado". Mas não é necessariamente isso.

L – Exato. Não há uma relação direta nesse nível de felicidade com o nível de resposta material que você obtém. Então, me chamou a atenção empresas terem esse interesse de contribuir para melhorar essa tal felicidade dos seus funcionários e o bem-estar das pessoas. E numa busca de, em primeiro lugar, entender o que a empresa usa para valorizar o funcionário. A gente sabe que, mais do que a remuneração, a valorização que a empresa demonstra em relação ao funcionário é determinante para ele se sentir bem e engajado. A empresa propõe também pesquisas quantitativas para avaliar o tanto que o funcionário se sente pertencendo àquela instituição, o tanto que ele sente bem no ambiente de trabalho, o tanto que ele se considera realizado e como ele vê o papel dos líderes. A partir disso, eles buscam entender, conversar com cada um dos funcionários para perceber o que os motiva. O que eles consideram que vai fazê-los felizes efetivamente. Começam a estimular o próprio funcionário a buscar esse caminho, ou seja, o funcionário é mesmo o protagonista. Eu achei interessante a reflexão para realmente avaliarmos o que nos faz bem. Como conseguimos uma sensação de mais bem-estar na vida que levamos? Quais valores, quais crenças são importantes, qual é o nosso propósito? Se as empresas conseguem lidar com isso, estimulando seus funcionários nessa busca, é muito bacana. Porque, no final da história, se obtém respostas melhores, resultados melhores. Mas o bem-estar de cada um é impagável. Com certeza nós vamos valorizar muito uma empresa que leva isso em conta.

Comunicação interpessoal

MENTIRAS NO
CONVÍVIO SOCIAL

Sardenberg – Nós sempre supomos que estamos comunicando verdades ou coisas que achamos que são verdadeiras. Mas você estava me mostrando quantas vezes nós mentimos.

Leny – O chanceler alemão Otto von Bismark dizia que as pessoas nunca mentem tanto quanto "durante uma caçada, depois de uma guerra e antes de uma eleição". Uma reportagem recente mostrou que cada pessoa ouve em média cem mentiras por dia. É muita mentira. Quando consideramos jovens profissionais, jovens líderes, eles contam que um terço dos currículos dos jovens empreendedores tem pelo menos uma informação inventada e 83% dos recém-formados sempre tentam enganar o entrevistador quando vão se candidatar ao primeiro emprego.

S – Cem mentiras por dia? Isso quer dizer que a gente também está mentindo por aí.

L – Mas é que tem a mentirinha inocente. Você vê a pessoa que está se achando bem: "Gostou da minha roupa?", e você fala: "Ah, tá bonita!".

S – Porque você não vai falar: "Você se vestindo não tem cabimento".

L – Tem a mentira educada. A mentira que não faz mal, você fala na intenção de agradar o outro. O portal UOL costumava apresentar análise de alguns temas com um texto interativo, com áudio de entrevistado, fotos, vídeos, enquetes. E um dos temas abordados foi a mentira.

S – Você tinha de identificar se o que a pessoa estava falando era mentira ou verdade, a partir de um áudio como esse:

"Quando eu era criança, meu tio tinha um sítio no Vale do Paraíba, que é o lugar onde eu cresci, que tinha galinha, vaca, bode, produção de leite e ele tinha um alambique. E ele começou a testar umas pingas diferentes, com fruta, com chocolate. Ele foi tentar fazer uma pinga de banana, que ele produziu uns três galões de pinga, colocou as bananas dentro e deixou..."

Pelo jeitão da história, você acha que está encaminhando para que lado?

L – Para uma bela de uma mentira. Às vezes, até pelo início já conseguimos construir essa impressão. Ela está falando de uma coisa muito familiar, muito fácil em termos de conteúdo, aparentemente. Você está contando uma história da sua vida, não vai hesitar. Ela tem momentos de hesitação, para e usa "éééé", "ahnnnn", a pessoa está procurando o que dizer naquele momento. É muito peculiar de uma mentira.

S – Ela não está lembrando uma história, ela está inventando.

L – Exatamente. A gente só está ouvindo o áudio, mas existem estudos da neurolinguística que mostram que acontece até um desvio do olhar. A gente tende a olhar para cima quando está buscando algo pela memória. Quando você direciona o olhar para um lado, mostra que você está buscando, quando é para o outro lado, mostra que você está criando. Então, há sinais não só na fala, mas no corpo. Na fala, a gente nota hesitações, tendência das vogais prolongadas, quando a pessoa fala: "aíííí, eu fui lááá e percebiiiii". Ela está ganhando tempo para começar a criar, para trazer a história mentirosa dela. E a voz tende a ficar mais inibida, mais abafada, mais trêmula, um pouco mais insegura.

S – É como quem está falando para ver se cola.

L – "Vamos ver se eu consigo convencer". Normalmente a pessoa foge do que é perguntado. E começa a dar detalhes de outra coisa que não é o ponto principal. Agora, o corpo também é altamente denunciador.

S – Lições para pegar um mentiroso.

L – Primeira dica básica: toda vez que a pessoa mente, ela tende a esconder o rosto de alguma forma. É comum colocar a mão na boca, abaixo dos olhos, na ponta do nariz. É comum que a pessoa cubra a boca quando está falando. A postura também demonstra que a pessoa está desconfortável naquela situação. Por exemplo, ao terminar o que está falando, ela coloca um sorriso fora de contexto. É comum jogar a cabeça para trás, jogar os ombros, ficar numa posição de braços mais defensiva, a mão no bolso ou o braço cruzado como se tivesse querendo se proteger daquela condição. É muito comum cruzar e descruzar as pernas muito rapidamente, sem muita relação com o contexto. E também que ela feche os olhos e mantenha por um pouco mais de tempo, como se estivesse realmente refletindo.

S – Ela também olha para os lados, não para o interlocutor?

L – Quando você está falando com veracidade, intuitivamente busca o contato de olho. Você olha para o rosto da pessoa o tempo todo. Quando você está desconfortável com a situação, seja porque você não sabe muito bem o que está dizendo ou porque está mentindo, a tendência é que haja o desvio de olhar. Os gestos ficam incompatíveis com a fala, a pessoa fala uma coisa e o corpo mostra outra. Por exemplo, eu falo: "Claro que eu vou fazer isso", mas a minha cabeça balança, negando.

S – E muitas vezes, no caso da mentira educada, a pessoa exagera: "Noooossa, como você está beeeeeemmm!".

L – O exagero para não deixar de passar a ideia que ela pretende. Isso é bastante evidente. E um último dado, o povo mente mais ao telefone, porque é mais fácil. Um estudo mostra que 40% das mentiras acontecem ao telefone e 27%, presencialmente. Então, no telefone a gente tem de tomar mais cuidado com o que a pessoa está falando. E imagine nas redes sociais, onde todos querem parecer bem! Tem estudos que mostram que só nos motivamos a postar algo quando é positivo, ou quando conseguimos fazer parecer positivo... Ou seja, cuidado com a forma como você avalia! E lembre-se, como diz Robert Half, "você é o que você posta".

SIMPLICIDADE EFICIENTE

Sardenberg – Como ser simples, direto e objetivo? Como não torrar a paciência do outro?

Leny – Nós recebemos muitas informações, tudo demanda o nosso tempo, nos tira daquilo que devemos nos focar para nos distrair com uma série de fatores.

S – Se você tem de apresentar uma proposta, um plano, um projeto para alguém e vai falar toda aquela história, vai acabar dando errado.

L – Vai caprichar demais, ocupar muito o tempo do outro e muitas vezes gerar uma resposta negativa. Parafraseando Leonardo da Vinci, "a simplicidade é o último grau de sofisticação". Essa simplicidade é uma busca fundamental. Temos de considerar que hoje as pessoas não têm mais tempo ou paciência para ouvir aquilo que não é relevante. E tudo que pode fazer sentido para o outro deve ser apresentado de uma maneira simples e objetiva. Quem fala muito bem sobre isso é o Normann Kestenbaum, que publicou o livro com o interessante título de *Obrigado pela informação que você não me deu*. Ele fala da importância do poder do suficiente. Tem a ver com descartar qualquer coisa que não acrescente naquela informação que você vai dar, mas, mais do que isso, você ter a condição de eleger o que é efetivamente relevante.

S – Por exemplo, você chegar para apresentar uma proposta e começar falando do trabalho que deu para fazer aquilo. É bobagem?

L – Exatamente. Isso é muito frequente. Vai apresentar um projeto que levou duas, três semanas e quer valorizar aquilo que fez. A pessoa perde um tempo contando essa história e não acrescentou nada para o outro. Não é isso que vai mostrar um merecimento maior daquilo que foi feito. Nessa mesma linha, às vezes, a pessoa gasta tempo tentando se validar perante aquele desafio, falando dela mesma, da sua formação, e acaba ocupando um tempo enorme e deixa de passar o que é relevante. Então, se trata de trabalhar com a informação de uma maneira reflexiva. Qualquer um tem acesso à informação em si, a sacada é pegar essa informação, refletir a respeito dela e transformá-la em algo relevante. E, na apresentação, mostrar isso de forma clara. Kestenbaum defende que se deve fazer uma apresentação de qualquer conteúdo que caiba numa folha de papel. O que dá uma ideia boa da relação entre os dados.

S – Há uma história na origem do cinema de que os produtores exigiam que os cineastas dessem a ideia do filme em 30 segundos.

L – E convencer o outro. Kestenbaum defende que um slide seja suficiente para propor suas ideias relevantes e defende também que você não dependa dessa mídia. Às vezes, você vai fazer uma apresentação e leva o seu PowerPoint com 10, 15, 20 slides e na hora dá algum problema e não entra o slide. Eu passei por isso, fui fazer uma apresentação para uma empresa em um hotel e acabou a luz. E eu falei: "Gente, eu vou fazer a minha palestra no escuro". Se o conteúdo estiver bem trabalhado na sua cabeça, se foi fruto de reflexão, de discussão, você é capaz de apresentá-lo, independentemente daquele recurso. Daí a possibilidade de respeitar o tempo do outro e de ter uma possibilidade maior de emplacar.

NADA SUBSTITUI O OLHO NO OLHO

Carolina Morand – A gente vive uma era em que as pessoas estão superconectadas, se comunicando por mensagem de texto, por redes sociais. Isso afeta o nível de empatia com o outro?

Leny – Afeta muito. Nada substitui a comunicação interpessoal. Quando estamos no contato olho no olho, temos muito mais condições de identificar como a pessoa está se sentido, como reage a algo que dizemos. A escrita foi inventada com a intenção de fazer registro. O cara matava dois, três leões e marcava o número. Hoje tentamos usar a escrita como forma de comunicação. Isso é tão restrito que começamos a usar alguns ícones, alguns símbolos para acompanhá-la.

C – Umas carinhas, um coraçãozinho para dar emoção.

L – Exatamente. Faz toda diferença ler uma palavra ou ouvir essa palavra. Quando você ouve, ela vem carregada de entonação, é outro papo. Hoje já há a figura do cibersolitário. Ele tem ânsia de estar on-line com tudo e com todos, o tempo inteiro, e acaba gerando um paradoxo, que é se sentir junto, mas, ao mesmo tempo, separado das pessoas. Próximo, mas distante.

C – Você vai almoçar com esse amigo e ele, em vez de conversar contigo, fica no celular.

L – Pois é. Tem uma pesquisa chamada *O efeito iPhone*, conduzida em 2014. Pesquisadores da Universidade de Virgínia observaram cem duplas interagindo num café por dez minutos. Quando o celular estava presente na mesa, mesmo desligado, as pessoas reportavam menos empatia, menos proximidade. Quando o celular não estava presente, as pessoas reportaram mais empatia, mais proximidade. E um dado curioso: fizeram com duplas de pessoas conhecidas e com pessoas desconhecidas. Até os desconhecidos reportaram maior empatia quando não havia o celular. Em pesquisa com 2 mil usuários de *smartphone*, identificou-se que 47% de jovens adultos, de 18 a 29 anos, usam o celular para deliberadamente evitar as pessoas ao redor.

C – Quem nunca? Às vezes, a pessoa está com um papo mala, ou num táxi, já pega o celular…

L – Outro dia, eu estava num táxi que parou no semáforo e aí se aproximou um vendedor. O taxista pegou o celular e fingiu que estava falando para não abrir o vidro do carro! Mas a gente pensa no que isso provoca em relação à boa comunicação, porque as pessoas estão ficando cada vez mais solitárias, mais individualizadas, e é uma pena, porque a comunicação pressupõe essa interação. É tão bom a gente conversar, poder identificar a reação do outro, é muito mais interessante e de resposta muito mais eficaz.

C – Às vezes, a mensagem escrita ganha outra conotação. Já vi brigas em grupo de WhatsApp porque alguém escreveu uma coisa e o outro não entendeu direito. Se estivessem conversando talvez não houvesse esse ruído na comunicação.

L – A comunicação envolve um grande risco. E se usamos uma forma de comunicar mais restrita, mais limitada, corremos um risco muito maior de sermos entendidos de maneira errada. Nada substitui o *tête-à-tête*, o contato olho no olho. A interação física é essencial principalmente para garantir que o outro entenda algo mais próximo daquilo que queremos dizer. Nem vou dizer completamente, porque além de comunicação ser o que chega no ouvido do outro e não o que sai da minha boca, às vezes até nós mesmos temos dúvidas sobre o que queremos efetivamente dizer...

ANO-NOVO

Carolina Morand – Uma meta comum de ano-novo das pessoas é melhorar a comunicação.

Leny – Por que vale a pena se dedicar a isso? Comunicação constrói percepção. O jeito como nos comunicamos faz com que as pessoas tenham uma ideia a nosso respeito. Se conseguirmos produzir um impacto positivo, teremos respostas positivas, o que será interessante para todo mundo. Sabemos que a comunicação é contagiante. Se eu falo com você de maneira entusiasmada, mostrando o quanto estou empolgada, é natural que você fique contagiada por esse entusiasmo e me responda de uma maneira positiva também. Se você comunica de uma maneira meio para baixo, vai obter respostas desse nível. E um dado de pesquisa mostra que bons comunicadores são pessoas mais felizes, praticam e sofrem menos violência.

C – O que veio antes, o ovo ou a galinha? A pessoa é boa comunicadora e, por isso, tem essas qualidades ou tem essas qualidades e, por isso, é boa comunicadora?

L – É uma questão interessante. O que está ao nosso alcance é buscar uma boa comunicação.

C – Aprender. Não precisa nascer bom comunicador.

L – Claro. Comunicação é um comportamento aprendido, não nascemos falando. E todo comportamento aprendido é passível de mudança e de melhoria. É horrível a situação em que falamos uma coisa e a pessoa entende diferente. Quando geramos mal-entendidos, problemas, isso traz mais infelicidade. Ao contrário, quando desenvolvemos a habilidade de nos comunicarmos bem, temos aquele retorno esperado e isso é muito positivo. Como fazemos para lidar com isso? Existem três grandes grupos de recursos. Primeiro, os recursos verbais, que têm a ver com a escolha que fazemos das palavras, das expressões. Nessa linha, vale usarmos palavras de conteúdo mais positivo, que envolvam mais o nosso interlocutor, que demonstrem mais o nosso sentimento. Por exemplo, se eu for dar uma notícia ruim, é recomendável demonstrar o cuidado com o outro. Se começar "olha, eu vou te passar uma informação, quero que saiba que estou junto de você, estamos com o mesmo objetivo", isso facilita a comunicação. É importante evitar palavras que minimizem o impacto daquilo que se vai dizer. É muito comum as pessoas usarem a expressão "eu acho que". Na maioria das vezes pode ser retirada da frase sem nenhum comprometimento, ao contrário, com vantagem. "Carol, eu acho que você se comunica bem" é muito menos do que "Carol, você se comunica bem". O "eu acho" constrói uma percepção de menor valia, então é bom eliminarmos do nosso vocabulário. Outro exemplo é a palavra "pouco". A pessoa vai conduzir uma reunião, apresentar um projeto e "eu vou falar um pouco com vocês", o outro já espera uma merreca. Há também os recursos não verbais, que mostramos por meio da nossa imagem. A sugestão é de uma imagem corporal de abertura, de demonstração de vontade de interagir. Um sorriso, um olhar voltado para a pessoa. Você já falou com alguém que está olhando para baixo?

C – É horrível. Olhando para o celular.

L – Demonstra desinteresse. É muito chato. A sugestão é que as pessoas se envolvam na situação de comunicação e demonstrem essa vontade de estar em contato. E a terceira parte é a dos recursos vocais, que tem a ver com a maneira como falamos. A sugestão é caprichar na articulação dos sons, na movimentação da boca, que falemos com vontade, com energia. Isso produz impacto positivo.

EXPRESSÕES QUE CONFUNDEM

Sardenberg – Ehhh, nós temos tratado aqui.... Enfim, vários assuntos, né? E... são temas importantes... Assim, falando de comunicação, tá? É disso que a gente fala, né?

Leny – Com certeza. Sem dúvida. Na verdade, Sardenberg... Nós estamos ilustrando o conceito de barreiras verbais. Usamos expressões que confundem o nosso ouvinte, que não contribuem com a mensagem que está sendo passada, ao contrário, acabam o distraindo.

S – O abuso de expressões como "enfim", "assim", "tá?", "né?"

L – São diversas expressões que acabam provocando uma resposta inadequada. As pessoas ouvem e se incomodam com aquilo. O conceito de barreiras verbais tem a ver com expressões que utilizamos e que atrapalham a efetividade da boa comunicação. São palavras que podem gerar antipatias, antagonismos, incômodos no nosso interlocutor. E, quando se disseminam, criam as modas. Lá atrás, tínhamos a expressão "a nível de", que as pessoas achavam chique usar, "a nível disso", "a nível daquilo". Vivemos o gerundismo, do "vou estar fazendo", "vou estar trabalhando".

S – Esse ainda está entre nós.

L – Tem o "veja bem". Na prática, é uma muleta que ajuda a organizar o pensamento, enquanto a pessoa ganha tempo. "Na verdade" também foi muito utilizada e acaba desmerecendo toda a informação dita antes, porque parece que você só está falando a verdade a partir daquele momento. "Com certeza" é um reforço dispensável e só ocupa espaço. E hoje a gente vive a questão do "pouco" e do "pouquinho", que constroem uma percepção de menor valia. É impressionante como vemos pessoas com uma reputação forte, um trabalho bonito, com coisas boas para mostrar se menosprezarem usando essa expressão de maneira tão frequente. E o uso do diminutivo "pouquinho" confere ainda mais uma conotação de certa infantilidade, de imaturidade, de menos preparo. São expressões negativas que atrapalham o discurso. As barreiras verbais são vícios de linguagem. Por exemplo: erros de pronúncia e gramaticais. Tem gente que fala "adevogado", "não pude vim", "a nível de", "meio-dia e meio". É necessário cuidado para não cometer erros dessa natureza. Há termos que são insultuosos, mas ditos em tom amistoso: "vagabundo", "pilantra", "canalha" e acabam passando uma mensagem dúbia. Tem o contrário. A palavra séria dita em tom jocoso, debochado. "Não é, mestre?", "chefinho", ou aquele que chama todo mundo de "doutor". Há expressões que constituem desafios mal dissimulados. No meio da discussão a pessoa fala: "Você está completamente enganado", "Isso é o que você pensa". São expressões que desencorajam. Existem as palavras repetidas que tornam a nossa comunicação previsível. E tudo que é previsível na comunicação soa artificial. O aluno que escuta a professora o tempo todo dizendo "Ok", "veja só", "entende?", "percebe?", "então" fica mais atento à forma do que propriamente à mensagem. São expressões que poluem a comunicação. Então, vale gravar trechos da sua fala para avaliar, vale perguntar para amigos, pessoas em quem você confia. Quando você identificá-las, passará a evitá-las. Há pessoas que, quando estão organizando o discurso, usam vogais prolongadas. "Então, Sardenberg, eeeeeeeee, eu quero te dizer queeeee...". Esse tipo de preenchimento constrói percepção de hesitação, o que é ruim. Vale o cuidado porque a gente consegue controlar e realmente melhorar.

CONTAR HISTÓRIAS

Sardenberg – É verdade que há bons contadores de histórias e pessoas que não sabem contar histórias?

Leny – Você está trazendo uma questão que tem a ver com habilidade. A comunicação é uma competência, e é o resultado de três situações: o conhecimento, já que é fundamental eu saber o tema que vou tratar; a habilidade, que tem a ver com a minha maior ou menor facilidade em me expressar; e a atitude, que tem a ver com o meu comportamento. No caso do contador de histórias, uns têm uma habilidade maior e outros, uma habilidade menor.

S – Assim como tem gente que não gosta de contar história, em empresas há pessoas que não gostam de apresentar um projeto. "Eu sei fazer o projeto, mas não sei apresentar."

L – Desde os trabalhos em grupo na escola. "Estou fazendo o trabalho aqui, mas é o coleguinha mais falante quem vai apresentar." Existe quem tenha maior ou menor habilidade, mas essa habilidade não é algo estanque. Pode-se desenvolver e conseguir resultados muito melhores. Tem uma pesquisa interessante publicada pelo Lumosity, um programa de treinamento cerebral criado por cientistas.

S – E que virou um aplicativo.

L – Você baixa e faz exercícios. É uma empresa fundada em 2005 e hoje é usada por 70 milhões de pessoas no mundo. Eles trabalham com 40 instituições acadêmicas. O grupo de cientistas citou um estudo da pesquisadora Carol Dweck, da Universidade de Stanford, que avaliou como o tipo de mentalidade pode afetar a aprendizagem. Algumas pessoas, segundo ela, acreditam que a mentalidade ou a inteligência é algo fixo, enquanto outras têm uma "mentalidade de crescimento". Ou seja, acreditam que é algo que pode mudar com a prática e a dedicação. Ela descobriu que as pessoas que têm essa mentalidade de crescimento têm melhores resultados. Eu fiz a ligação com a comunicação, porque é uma dúvida que muita gente tem.

"Dá para melhorar a comunicação?" Não é uma coisa estanque e a pesquisa mostra isso claramente. Você falou do contador de histórias. Se eu tiver uma crença de que sou ruim para contar histórias, eu fugirei de situações em que essa necessidade apareça. E perco oportunidade de treinar, de me desenvolver. Mas se não tiver jeito, eu vou tentar contar rapidamente, sair logo daquela situação desconfortável. Aí vou falar rápido, demonstrar desconforto e a minha crença vai se concretizar. Se pensarmos que é uma habilidade fixa, ficamos desmotivados. A nossa busca é pela mentalidade de crescimento, que nos motiva a dedicar esforço para superarmos desafios. Comunicação é comportamento aprendido, portanto, passível de mudança.

S – Essa atitude de "ok, eu não sei, mas posso aprender" ou "posso aprender algo que substitua aquilo que não sei", essa mentalidade de crescimento vale para tudo, não é?

L – Para a vida. Agora, às vezes é muito confortável a pessoa achar que nasceu sem uma determinada habilidade e se acomodar. Usar isso como desculpa para deixar de fazer as coisas. Ter uma mentalidade de crescimento pressupõe a necessidade de trabalhar, investir. Aqui se trata também do modo como vemos uma situação difícil. A dualidade de considerar algo uma ameaça ou um desafio. Quando a pessoa considera uma ameaça, fica encolhida esperando apanhar, porque não tem o que fazer. Quando considera um desafio, isso traz a autonomia de fazer a parte dela, de se preparar, então fica mais proativa e propensa a dar conta do recado.

S – E o nosso recado hoje é "sim, você pode se comunicar melhor". Agora, mesmo quem tem a habilidade precisa se preparar. Porque tem gente que confia no "eu tenho talento nisso" e fica na zona de conforto, fica se repetindo.

L – E acaba surpreendido. Os dois extremos são ruins, a crença de que não é capaz e a crença de que sabe muito. O ex-presidente Barack Obama, que é um supercomunicador, treina toda vez que vai se expor em público. Ele observa o que faz, ouve críticas para se aprimorar. Ele é consagrado na sua área de atuação, fala muito bem, foi presidente dos EUA por dois mandatos, e ele treina. A Casa Branca costumava disponibilizar vídeos do Obama treinando o discurso que iria fazer. É um exemplo para a gente.

COMUNICAÇÃO NÃO VIOLENTA

Leny – O grande objetivo da comunicação é permitir uma boa interação, um bom contato entre as pessoas. Quando eu li o livro *Comunicação não violenta* do psicólogo norte-americano Marshall Rosenberg, me lembrei de uma pesquisa que mostra que pessoas que têm dificuldade em se comunicar sofrem e praticam mais violência.

Sardenberg – Em princípio, tem uma lógica. Se você está numa situação de conflito, de luta, de hostilidade, é difícil comunicar.

L – Se você tem dificuldade de se comunicar e age de uma forma mais reativa – e isso é comum, porque a comunicação contagia –, perde as estribeiras e as pessoas deixam de se entender.

S – A tese do Marshall Rosenberg é comunicação não violenta para situações de conflito?

L – Para qualquer situação em que haja algum tipo de desacordo ou quando alguém, num determinado processo, não está contente. Normalmente, nesse tipo de situação, as pessoas se armam e vão para cima do outro com muita ideia de julgamento, de cobrança. Aí fica aquela dualidade, o certo e o errado, e nem sempre é tão claro assim. Ele parte da experiência dele, que cresceu em Detroit, num bairro turbulento na época. Ele percebeu que, quando as pessoas iam despreparadas para esse tipo de situação, ela só piorava. O objetivo da comunicação não violenta é permitir que as pessoas interajam bem em situação de conflito. Ele ressalta a capacidade de nos mantermos compassivos, e isso tem tudo a ver com a linguagem e com o uso das palavras. Numa negociação mais difícil, mais hostil, ele sugere quatro passos: observação, fazer referência às ações concretas que estamos vendo, sem juízo de valor, sem julgamentos. Observar a ação é bem diferente de fazer avaliação. Eu percebo que um funcionário está chegando atrasado. Essa é a observação da ação. É diferente de dizer: "Você é muito preguiçoso", que já envolve avaliação. O segundo passo é o sentimento. Identificar e mostrar para o outro como nos

138   COMUNICAÇÃO E LIDERANÇA

sentimos em relação àquilo que estamos observando. O terceiro passo é a necessidade. Em que medida essa ação do outro mexe com as minhas necessidades, com os meus valores, com os meus desejos? E a parte final é o pedido, a ação concreta que esperamos que o outro tenha. Às vezes, nós temos isso na nossa cabeça e o outro não tem a mínima ideia.

S – Por exemplo, eu observo que está acontecendo tal coisa. O sentimento é que me aborrece, me deixa nervoso. A necessidade é que a tarefa seja cumprida. O pedido é "chega na hora".

L – Exatamente. Ele dá um exemplo que mostra que isso é aplicável em qualquer circunstância mesmo. Ele fala da mãe que chega em casa e fica muito brava porque a casa está bagunçada. Ela chega para o filho: "Quando eu vejo duas bolas de meias sujas debaixo da mesa da sala e mais três perto da TV", que é a observação, "eu fico muito irritada", que é o sentimento, "porque eu preciso de mais ordem no espaço que a gente usa em conjunto", que é a necessidade, "você poderia colocar as suas meias no seu quarto ou na lavadora?". É uma maneira clara de mostrar o que está acontecendo, o que a pessoa observa, como ela se sente, no que aquilo impacta e, finalmente, a proposta de uma ação objetiva.

S – Em vez de "essa bagunça aqui que eu não tolero mais!"...

L – Quando a pessoa age dessa forma, gera no outro uma atitude defensiva. "Peraí, não é bem assim, você está me agredindo..."

S – O Marshall Rosenberg trabalha com negociações de paz, conflitos internacionais.

L – Ele defende que essa forma de comunicação não violenta desenvolve a empatia entre as pessoas. Quando falo do meu sentimento, do quanto aquilo me atingiu, sem julgar, eu desarmo o outro. Eu também tenho de estar disposta a ouvir o outro com a mesma intenção. Às vezes, a pessoa está muito tensa, irritada e não consegue verbalizar. O Marshall sugere que a pessoa que está no comando da situação, que está lidando com isso de uma maneira autônoma, vá fazendo perguntas para trazer essas informações do outro, porque assim ele imediatamente se acalma. A fala é terapêutica! Quando conseguimos falar sobre como nos sentimos, trazemos racionalidade e nos sentimos melhor.

GERIR O ESTRESSE

Sardenberg – Há vários manuais para se falar em público. E geralmente é para quem tem de encarar uma plateia. Mais frequentemente você tem de apresentar uma ideia ou fazer uma homenagem a alguém ou mostrar um projeto de trabalho, uma entrevista, uma desculpa que vai ter de dar a alguém, e são conversas importantes.

Leny – Basicamente, qualquer situação de trabalho, porque você é visto como pessoa jurídica o tempo todo, então, até o seu bate-papo no elevador pode ter relevância. O Matt Abrahams, da escola de negócios de Stanford, tem um TED, o *Think fast, talk smart*, sobre pensar rápido e produzir um impacto positivo. Ele chama a atenção para dois pontos da preparação para esses momentos. O primeiro faz referência à ansiedade. A exposição em público sempre gera desconforto, a pessoa que está se expondo está sendo avaliada. O medo de falar em público é um dos mais frequentes na população mundial. Matt conta que 85% das pessoas se identificam como nervosas quando vão se expor em público. Ele chama a atenção para a gestão do estresse e não para que nós tenhamos de superar esse estresse.

S – É impossível não ter, então administre.

L – Mais do que isso: o estresse tem um lado positivo, ficamos com o pensamento mais ágil, com a memória mais aguçada, é como se o nosso corpo ficasse preparado para uma resposta rápida e ágil. O estresse nos prepara para a luta. E, na comunicação, ele nos dá o controle da situação. Quando vamos para uma situação relevante sem estarmos devidamente estressados, perdemos o controle, podemos rir ou chorar fora de hora.

S – O sujeito perde a atenção e, distraído, fala besteira.

L – Abrahams sugere que se tenha uma atenção consciente do próprio estado. "Estou nervosa e estou me aceitando assim, porque o nervosismo é natural e me faz bem por um lado." Na sequência, sugere que sempre comecemos fazendo perguntas, porque assim geramos ideia de conversação, o outro tende a participar e nós ganhamos tempo para nos estruturarmos. Se eu for fazer um brinde, uma homenagem, eu posso dizer:

"Quem de vocês já imaginou a alegria de ter entre nós uma pessoa tão relevante quanto fulano de tal?". Outro ponto é usar uma linguagem coloquial. Nessas ocasiões, a pessoa acha que tem de falar difícil e se atrapalha, porque vai usar termos com os quais não está acostumada e não será convincente. Em relação à ansiedade, ele diz "esteja no momento presente". Se estou para subir para falar e penso "será que eles vão gostar?", "o que será que vão achar?", estou projetada no futuro. Ou então: "Eu deveria ter me preparado mais, eu li tão pouco sobre isso". E fica presa ao passado. Não adianta. É preciso estar no momento presente, se envolver, respirar e fazer. E, na segunda parte, o Matt faz referência a encarar situações desse tipo como oportunidades ricas de você se expor. No final do TED, ele reforça a importância de contar histórias que tenham uma estrutura nas quais a gente parte de uma situação-problema, propõe solução e diz os benefícios que a pessoa teria. "Sabe aquelas situações em que a gente se atrapalha numa condição de comunicação? Em que a gente percebe que a ansiedade está nos dominando?", traz a situação-problema, "nesses momentos, procure respirar fundo, enumerar as coisas que vai dizer", está propondo uma solução. E vai para o benefício: "Isso vai fazer com que você se saia muito melhor", a aplicação do que ele propõe.

S – Esse controle é crucial para os atletas. O Guga, num dos torneios de Roland Garros, disse "eu vou ganhar". O Cesar Cielo, numa das medalhas que ganhou, ele tinha sido prata num dia e perguntaram "E amanhã nos 50 metros?", ele disse: "Eu vou ganhar". Você nota isso no desempenho dos atletas nos grandes momentos, nos grandes jogos, nos grandes eventos. Usain Bolt: corridinha às vezes ele perde. Final de Olimpíada, ele vai lá e ganha.

L – Nessas atividades que exigem respostas melhores da gente, por exemplo, numa apresentação ou numa grande competição, no caso do atleta, a forma como a gente encara é fundamental. Porque se você vai com medo, acaba disparando uma área ruim do seu cérebro e as respostas são negativas também. A ideia é "estou empolgado", "estou motivado", interpretando aquela agitação interna como algo positivo.

S – E qual o truque em falar bem de improviso? Há perigo de cair no lugar-comum?

L – A gente sempre diz que comunicação constrói percepção. Expressões que são mais batidas, que se repetem, constroem uma ideia de falta de repertório e o próprio significado da expressão se esvazia. Por exemplo, a gente já teve o período do "a nível de". Os "com certeza", "na verdade", o "veja bem", que é típico dos analíticos de carteirinha. E hoje temos duas palavras que de tão utilizadas viraram lugar-comum: "empoderamento" e "disruptivo". A ideia é que a gente identifique esses lugares-comuns e busque outras palavras que possam substituir essas expressões.

S – A gente tem de preparar o improviso.

L – Exatamente. Se temos ou buscamos ter algum destaque na nossa área de atuação, é fundamental saber que improviso não funciona. Até para orientar um funcionário ou o retorno de uma reunião é bacana que nos dediquemos pelo menos a organizar as ideias na nossa cabeça. É claro que, volta e meia, podemos ser pegos de surpresa. Cada um de nós tem, em sua respectiva área de atuação, algumas ideias, algumas mensagens que costumam ser mais relevantes. Cabe elaborar essas mensagens de maneira clara para ir abrindo o nosso discurso. O início do discurso é o que envolve mais nervosismo. Se temos alguma coisa na ponta da língua, já ajuda o restante.

COMUNICAÇÃO NÃO VERBAL

Sardenberg – Quando a gente fala em comunicação não verbal, isso inclui o quê?

Leny – Inclui a imagem que mostramos para as pessoas, e se trata de um conceito bem amplo, que inclui o ambiente em que você está, a roupa que você utiliza e tem a ver especialmente com o corpo: a postura corporal, os gestos, a expressão facial. Inclui também o modo como a gente fala, o vocal: o tom da voz, a velocidade de fala, as pausas colocadas no discurso.

S – Tudo o que tem na fala, menos a palavra.

L – Exatamente. Como eu embalo a minha mensagem para o outro. Do ponto de vista da imagem propriamente, esse fator é muito forte, tem um poder muito grande. Porque, antes até de abrirmos a boca, o outro já é capaz de identificar na nossa imagem a nossa disposição, a nossa boa ou má vontade, e isso impacta muito fortemente no desenrolar do contato que essa pessoa vai ter.

144 ⚜ COMUNICAÇÃO E LIDERANÇA

S – Quando você se comunica com a pessoa, é o pacote todo.

L – A informação vai chegar envolvendo aspectos verbais, não verbais e vocais. No nosso caso da rádio, as pessoas escutam, não estão vendo a imagem. Então, o que vai construir percepção é aquilo que é dito, mas principalmente o que está nas entrelinhas do que falamos. O tom que utilizamos, a velocidade da nossa fala, as pausas que colocamos. Uma pesquisa feita pelo professor da FGV Glauco Cavalcanti fotografou 10 mil alunos durante exercícios de processos de negociação. Por meio da observação das fotos, foi possível verificar, com alta probabilidade de acerto, se o desfecho da negociação foi de sucesso ou de fracasso. O nosso corpo vai emitindo sinais para os outros. Nessa situação da interação da negociação, você quer que eu compre alguma ideia, algum produto, algum serviço. Se eu olho e percebo, por exemplo, que você está muito pouco à vontade, parece que está apressado, falando rápido, eu imediatamente começo a desconfiar. A tendência é que a nossa negociação evolua para o fracasso. Mas se percebo sinais de boa vontade, de firmeza, de credibilidade, confiança naquilo que você diz, a tendência é de que eu compre o seu produto.

S – Dizem que no interior de Minas Gerais, de São Paulo, a negociação entre dois fazendeiros, para comprar uma vaca, por exemplo, leva semanas. Faz uma sondagem, joga um verde e tal...

L – Observando se o comportamento vai se manter, se o outro não vai se contradizer. São mais desconfiados e têm mais tempo para fazer esse processo. Veja a importância desses elementos quando o tempo é curto. É preciso produzir rapidamente uma imagem que convença.

Essa urgência é cada vez mais frequente. Pelo menos para vender uma ideia e ter uma continuidade naquele processo. Precisamos ter muito cuidado com a imagem que estamos construindo. É preciso prestar atenção já no aperto de mãos, primeiro contato que você estabelece. Aquela mão meio mole passa a ideia de passividade ou de uma delicadeza excessiva. Ao contrário, se o aperto é forte demais, constrói a ideia de um desejo de intimidar o outro, de mostrar poder. E o outro já se defende. Se as mãos estiverem suadas, é demonstração de nervosismo. Então, algumas dicas importantes: procure alinhar o seu corpo, mantendo os ombros eretos, o queixo para frente, uma posição de quem está seguro, confiante. Module a sua voz de acordo com o conteúdo, cabe a variação de velocidade, de volume, de tom. Pontue a sua frase com pausas expressivas. Às vezes, a pessoa está tão afobada para convencer o outro que ela começa a falar sem pausar. E as pausas comunicam muito, porque valorizam o silêncio. Olhar nos olhos constrói a ideia de confiança, de transparência. É muito importante porque mantém a impressão de boa vontade. Às vezes, achamos que o que vale é o que dizemos. Engano. A impressão da imagem é muito forte e cabe o nosso cuidado em todas as situações.

S – E tem gente que não percebe isso e fala: "Eu tenho uma mensagem tão importante e ninguém presta atenção". Porque não embalou bem. E às vezes é o contrário: aparece um picareta que acaba convencendo por causa de uma boa embalagem.

L – É cruel, é injusto, mas é real. Se a pessoa se apresenta de uma maneira mais cuidada, demonstrando confiança, segurança, ela convence o outro. Nós, que somos do bem, devemos nos instrumentalizar para desenvolver uma mensagem muito bem embalada.

TRABALHO DE VOZ PARA PESSOA TÍMIDA

Sardenberg – Quem é tímido, do tipo que "fala pra dentro", pode se beneficiar de um trabalho de fonoaudiologia?

Leny – Sim. A voz é o resultado de três dimensões: física, psicoemocional e sociocultural. A pessoa que tende a falar mais para dentro se sente tímida mesmo. A timidez é uma característica, faz parte de sua personalidade, mas isso não a impede de conseguir uma atitude que tenha a ver com mais credibilidade, com mais confiança, com mais firmeza. Ele se beneficiaria com exercícios para melhorar essas condições e, ao mesmo, caprichar na movimentação da boca, uma articulação mais ampla, mais aberta, isso já muda a percepção.

S – Não é resolver a timidez, mas é treinar para superá-la.

L – Sim. É comum que a pessoa tímida construa uma atitude ou um comportamento de comunicação mais fechado, mais introvertido. Mas, apesar da timidez, nada impede de ela construir uma percepção positiva por meio de uma atitude mais assertiva, de um padrão de fala mais claro, com movimentos mais amplos. Na mesma linha, há quem seja comunicativo em um ambiente, com pessoas próximas, mas não em outros, mais formais. Preferem assim. A questão é se essa forma de ser é uma escolha. Se for assim, ela pode modificar, se achar que é conveniente, que é necessário. Toda ação tem uma reação do outro lado. Se eu construo essa ideia de ser mais "na minha", de ser mais reservada, eu terei menos contato das outras pessoas. Se eu me identifico com isso e me sinto bem assim, tranquilo. Se ela se identifica com esse padrão, siga em frente, pagando o preço. "Cada um sabe a dor e a delícia de ser o que é", já disse Caetano Veloso. Se ela se incomoda de alguma maneira, é possível modificar, se tiver interesse.

S – E há o tradicional desconforto de falar em público.

L – A primeira mensagem é "vocês não estão sozinhos". Esse é um medo universal. No mundo inteiro as pessoas sentem esse desconforto, o que é compreensível. Porque se trata de uma situação de exposição, em que a pessoa é o centro das atenções e está sendo julgada, o que não é confortável. O primeiro ponto nessa busca é o domínio do tema, o que tem a ver com uma boa preparação. E toda vez que estamos diante de uma situação desafiadora, é interessante que estejamos devidamente estressados. Porque o estresse tem um lado positivo, que nos ajuda. Ele nos deixa mais proativos, com o pensamento mais ágil, memória mais aguçada. Agora, ele tem um lado ruim, que é a manifestação do que os pesquisadores chamam de sinais psicobiológicos do estresse, como a taquicardia, a transpiração excessiva, tremor nas mãos, o frio na barriga. Isso é inevitável, essas são respostas do nosso sistema límbico, que é a parte mais primitiva do nosso cérebro, que se coloca em ação quando identificamos uma ameaça. Isso vai acontecer e não temos possibilidade de interferir.

Mas os autores nos contam – e aqui quero citar o psicólogo Esdras Vasconcellos, doutor em estresse – que, a partir dessa mobilização do sistema límbico, acionamos o córtex cerebral e haverá uma interpretação da situação. Quando tomamos um susto e o coração dispara, mas olhamos a situação e percebemos que é uma pessoa conhecida, automaticamente o córtex fala assim: "Sistema límbico, está tudo bem, fica tranquilo". E nos sentimos melhor. Ao contrário, se vemos uma pessoa desconhecida, que entrou armada, aquilo vai acentuar o nosso risco, e o sistema límbico vai se defender. A dica é: considere a situação de exposição em público como uma grande oportunidade, como um desafio e nunca como uma ameaça. Para o nosso cérebro, uma ameaça de subir ao palco é a mesma coisa de ver um leão na nossa frente. Ele não faz distinção e vai nos colocar para correr. Segundo: a preparação é fundamental, precisamos ter domínio do tema sobre o qual vamos falar, organizar a apresentação, bolar o começo, meio e fim, pensar no material audiovisual. Finalmente, uma dica dos neurocientistas, que é dupla: respire e enumere. O nervosismo nos faz parar de respirar. Perdemos o fôlego. É importante soltar o ar, contraindo o diafragma, inspirar de maneira mais profunda alguns segundos antes de subir ao palco. E a atividade de enumerar: "Primeiro eu vou falar sobre isso, depois aquilo e terceiro aquilo outro". Esse simples ato já coloca o córtex cerebral em ação, o que traz uma racionalidade muito maior para a nossa produção e impede de nos entregarmos tão fortemente a esse sistema límbico, que traria esses sinais de nervosismo tão evidentes.

CINCO FASES DA PERDA

Sardenberg – O assunto é delicado. Quando a pessoa sofre uma perda: a morte de alguém, recebe a informação de que está com uma doença grave, a perda da saúde, a perda do emprego. Às vezes, você está no emprego e sabe que a coisa está indo mal, mas, em outras ocasiões, parece que está tudo bem e a pessoa é demitida. É um choque fortíssimo. Como reagir a uma perda?

Leny – A perda é um tema delicado e um tabu para as pessoas, de uma maneira geral. É muito comum que a gente negue, minimize o impacto.

S – "Ah, tudo bem, não é nada."

L – Nesse sentido, uma situação muito importante é aquela em que a pessoa perde a saúde, vai a um hospital fazer um tratamento, tem alguma doença neurológica, alguns tipos de câncer mais invasivos. Essa pessoa que está vivendo o problema se sente muito fragilizada. Numa situação assim, é muito positivo que essa pessoa tenha um espaço para se colocar. Tenha oportunidade de compartilhar os seus medos, os seus receios. E o que a gente vê, de uma maneira geral, são as famílias querendo poupar a pessoa negando o que ela está sentindo. Às vezes, o paciente está com alguém no quarto e fala: "Puxa, eu tenho pensado sobre essa questão da morte, tenho alguns medos...". E o que a família costuma fazer: "Que é isso? Nem fala assim que dá azar. Você vai ficar bom, você vai ver, logo está em casa". Há toda uma negação da circunstância que a pessoa está vivendo e, na maioria das vezes – isso é dado de inúmeros trabalhos científicos na área de saúde –, a pessoa é privada de conversar sobre o assunto e, consequentemente, de ter um alívio maior.

S – Então, a regra é não esconder. Mas também não pode dizer para o sujeito: "Olha, você está muito mal, você está perdido". Como tem de ser essa comunicação?

L – A pessoa tem que se sentir no direito de ser ouvida, de falar sobre os seus medos, e a família ou a equipe médica tem de se mostrar continente, ou seja, tem de acolher o que pessoa está trazendo, em vez de negar. No início de carreira, eu tive a oportunidade de trabalhar muito com pacientes que tinham câncer de laringe. Hospital público, pacientes que tinham o diagnóstico muito tardiamente, eram submetidos a cirurgias mais radicais, tiravam a laringe e perdiam a fala, o olfato, parte do paladar – perdas muito relevantes. Era curioso observar como as pessoas se negavam a conversar sobre isso, como se fosse um tema proibido, um tabu. Eu notava que, quando esses pacientes eram acolhidos, a evolução deles era melhor. Mesmo que essa evolução fosse para um paciente terminal que iria morrer.

Já citamos a médica Elisabeth Kübler-Ross, que descobriu que as pessoas que estão na iminência de uma perda passam por cinco fases bastante distintas: a primeira é a da negação, que muitas vezes é a atitude dos familiares em relação ao paciente. A segunda fase é a da raiva, da revolta. A terceira é a fase da barganha, em que a pessoa fica "ai, meu Deus, se eu conseguir sair disso, serei uma pessoa diferente". A quarta fase é a de depressão, quando ela se sente esvaída de energia, de entusiasmo. A quinta fase é a da aceitação, que é onde se deve chegar para lidar com qualquer coisa, seja a perda do emprego, de uma pessoa querida, da saúde. Essas fases se sucedem com pessoas que lidam com essas questões, o que varia é o tempo em que cada pessoa se mantém numa determinada fase. Nós sabemos que a única fase que vai gerar bem-estar para o outro é a da aceitação, a quinta fase. É interessante conhecermos isso, porque quando estamos em contato com alguém que está vivenciando o problema, quando identificamos a fase em que a pessoa está, podemos ajudá-la a transitar pelas outras e alcançar a aceitação. Especificamente quando o problema é saúde, os profissionais da área têm dificuldade em lidar. Primeiro, porque, quando estamos em contato com o sofrimento do outro, isso nos confronta com os nossos medos, com os nossos sofrimentos, com a própria morte ou com a morte de pessoas queridas. Nós inevitavelmente nos colocamos no lugar. Essa nossa tendência de não querer falar sobre reflete muito esse receio e vale o cuidado para que possamos ajudar efetivamente e acolher. Isso é importante para que a pessoa se fortaleça e supere a eventual dificuldade que está tendo.

MANEIRAS DE PERSUASÃO

Sardenberg – Persuasão é uma coisa positiva ou negativa? Persuadir é convencer ou enganar alguém?

Leny – É uma ferramenta que pode ser usada de muitas maneiras. E já foi por muito tempo considerada pejorativa. Persuadir alguém parece que é convencer o outro a fazer algo que ele não quer. Mas não é assim.

S – São coisas diferentes. Convencer é fazer a pessoa se aliar ao seu ponto de vista. E persuadir é conseguir que as pessoas a sigam.

L – É que o convencimento, como você está trazendo, tem a ver com argumentação, com uma parte mais racional do processo. Eu apresento uma ideia e o convenço a respeito dela. Já persuadir está mais no terreno da emoção, do sentimento. Significa o outro se abrir para acolher algo que você propõe, de uma forma mais emocional, menos argumentativa. Saiu um livro muito interessante chamado *Comunicação e persuasão: o poder do diálogo*, do Álvaro Fernando. Ele é formado em Direito, é músico, compõe trilhas sonoras para o mercado publicitário. Ele fala de quatro habilidades de comunicação para levarmos em conta. E recheia cada capítulo contando experiências dele, tanto durante a escrita do livro, que foi numa casa paradisíaca em Santa Catarina, como de viagens e situações que ele vivenciou. Falar com as pessoas fazendo referências às nossas experiências, nos colocando mais pessoalmente na informação, é muito importante para persuadir o outro. Porque o outro se abre, se coloca na posição de receber o dado, a informação.

S – Mas é preciso um certo cuidado, não? Porque fazer uma apresentação toda na base do "eu fiz, aconteceu comigo"...

L – Pode parecer egocentrismo. É errado a pessoa se colocar de uma maneira impositiva, só baseada naquilo em que ela acredita. Não é disso que se trata. Aliás, isso até aparece na habilidade em que ele fala da mochila de opiniões. Ele diz que é como se tivéssemos às nossas costas uma mochila e dentro dela as nossas opiniões, que não somos nós, mas uma parte do que carregamos. Essa mochila vai se modificar ou vai se engrandecer a partir das experiências que nós temos.

S – A opinião tem de estar na mochila, não dentro da gente.

L – Isso. Pois favorece a abertura para o outro. Quando entendemos que a opinião é algo acessório e não se trata de nós mesmos, aceitamos muito mais facilmente uma discordância, uma opinião diferente da nossa. Até lembrei do Flávio Gikovate [psiquiatra e psicoterapeuta, 1943-2016], que falava da importância de termos uma mente porosa, de a gente aceitar, assimilar. O Álvaro cita Sócrates: "Eu tenho a minha opinião até mudar de ideia".

S – E tem uma frase atribuída a John Maynard Keynes, famoso economista, que estava dando uma palestra, quando alguém falou: "O senhor deu uma palestra um ano atrás e a sua opinião era diferente". E ele teria dito: "Mas quando os fatos mudam, eu mudo a minha opinião. O senhor não?".

L – Ótimo. Quem não muda são pessoas muito rígidas que acabam perdendo a oportunidade de aprendizagem e de convivência.

S – E quais são as outras três habilidades?

L – Universo compartilhado tem a ver com entendermos que as palavras são imprecisas. Se eu falar para você: "Vamos colocar uma música alegre?", o alegre para mim é diferente do que é para você. Vamos pensar em coisas diferentes. Então, sempre garantir que o outro está entendendo o que você está dizendo. A segunda é estar presente. Ele diz que a nossa mente parece um pêndulo que se locomove para o passado e para o futuro. Quando está focada no passado, sentimos culpa, arrependimento de alguma coisa. Quando vai para o futuro, sentimos ansiedade, preocupação com o que vai acontecer e nos estressamos. A busca é por manter a calma no presente. E a última é saber brincar, porque sempre associamos situações impor-

COMUNICAÇÃO INTERPESSOAL 155

tantes de comunicação com algo mais sério, mais formal. E, ao contrário, Álvaro nos convida a brincar, a darmos mais atenção ao processo do que ao resultado propriamente dito. Com o humor sempre presente, estimulando a criatividade, a participação, nós nos abrimos e conseguimos interagir melhor.

COMUNICAÇÃO A DISTÂNCIA

Sardenberg – A comunicação a distância é cada vez mais frequente. Há conferências, reuniões, entrevista para trabalho, tudo na tela do computador, até depoimentos para a Justiça. O que muda isso, Leny, em relação ao cara a cara?

Leny – A situação mais privilegiada de comunicação é a presencial, uma pessoa na frente da outra, olhando no olho. Quanto mais distantes estamos do nosso interlocutor e quanto mais interlocutores temos, por exemplo, numa videoconferência, maior a necessidade de tomarmos alguns cuidados. Precisamos sinalizar o nosso interesse na interação. Como o monitor acaba distanciando, porque é uma presença virtual, temos de buscar o olho no olho, o nosso tronco mais voltado para a câmera para que haja uma ideia de maior aproximação. Temos que caprichar na projeção da voz, caprichar na articulação, usar mais ênfase, sinalizar a intenção de estarmos juntos.

S – Estando longe, a nossa tendência é relaxar, ficar esticadão na cadeira...

L – E isso é muito complicado para quem está interagindo, porque essa imagem da comunicação não verbal gera a impressão de afastamento. E comunicação contagia. Se eu vejo você mais afastado de mim, eu naturalmente recuo também. Vale observar em situações de aula, de exposição, em que os alunos tendem a se distrair, se dispersar mesmo numa situação presencial. Quando vai acontecer por videoconferência, por exemplo, é importante que sinalizemos corporalmente a nossa presença. Que as pessoas observem a expressão do nosso rosto, porque isso vai ajudar a construir uma percepção mais positiva.

A videoconferência é uma forma de comunicação que traz inúmeras vantagens. Por ser um processo encurtador de distâncias, favorece a comunicação de pessoas em lugares distintos, minimizando custos de viagens e representando grande economia de tempo. Além de tudo, permite a comunicação em tempo real! E olha só: uma pesquisa global realizada pela Redshift Research mostra que para a maioria das pessoas (56%), o vídeo é o canal de comunicação preferido para os negócios, superando o e-mail (49%) e as conferências por áudio (32%). Tomadores de decisão de 12 países reconhecem que a videoconferência remove as barreiras da distância e melhora a produtividade entre as equipes em diferentes cidades e países, para cerca de 98%! Ou seja: com certeza vale à pena nos prepararmos para nos sairmos bem nessa modalidade tão promissora.

MELHORAR O CARISMA

Cássia Godoy – Há pessoas que entram numa sala, num auditório, ou mesmo quando vão conversar com alguém, e prendem completamente a nossa atenção. Dá para desenvolver carisma?

Leny – É uma busca. O carisma, essa habilidade de fazer com que as pessoas gostem, se sintam atraídas pelo que a gente diz, é visto como um tipo de inteligência emocional. Um dado de pesquisa aponta que pessoas carismáticas têm mais chances de serem bem-sucedidas no trabalho. Socialmente, isso já era esperado. Uma pessoa carismática atrai mais a atenção, a gente gosta mais de ficar perto, de escutar o que ela tem para dizer. A pesquisa mostra que isso tem um impacto no trabalho porque influencia o comportamento das pessoas ao redor, inspira a ação e conquista a confiança. Ter líderes carismáticos é fantástico, porque eles vão fazer com que as equipes funcionem melhor. Da mesma forma os colegas carismáticos. E essa é uma característica que pode ser desenvolvida. As pessoas que têm essa habilidade natural, ótimo. Os que acham que não têm essa habilidade precisam desenvolver. E existem dicas. Primeiro, demonstrar interesse no outro, no interlocutor. A gente relaciona a pessoa que está falando como tendo o domínio da situação, então busca usar de uma maneira mais constante. Querer saber do que o outro precisa, o que ele está pensando, é uma forma de a gente começar a desenvolver essa habilidade. Segundo, a gente tem de reconhecer que precisa melhorar. Se eu me percebo numa situação de comunicação mais geral, provocando menos interesse, não consigo segurar a plateia entretida, é bom que eu reconheça isso, porque me predispõe a observar melhor as pessoas, a aproveitar oportunidades para ir praticando, a gente acaba se envolvendo mais com projetos que tenham a ver com essa condição.

C – E modelos? O ex-presidente americano Barack Obama, a apresentadora Hebe Camargo, por exemplo. Vale a pena pensar em pessoas que são inspiradoras?

L – É fundamental ter um modelo que você admira, do qual gostaria de se aproximar. Nessas pessoas que você trouxe como exemplos, tem uma condição que é a percepção da autenticidade. Obama é autêntico. Hebe era superautêntica. É bacana ter modelos porque eles nos inspiram. Porém, nós temos de procurar identificar como nós somos. Quais são as nossas características. Por exemplo, se eu admiro pessoas que têm um humor invejável, que se colocam de uma maneira engraçada, mas se eu não me vejo nesse papel, se não me acho engraçada, a coisa mais falsa que tem é eu querer parecer engraçada. A dica é procurar identificar como nós somos. Quais são as minhas qualidades, qual a situação em que me sinto melhor e tirar partido disso, efetivamente. Aliás, falando na questão do humor, é importante que utilizemos do bom humor, que é contagiante, as pessoas ficam mais interessadas em nos escutar. Esse humor tem de ser relacionado à minha característica. Os autores falam que uma forma de você se proteger e jamais errar usando humor é fazendo humor sobre você mesmo, nunca fazendo referências a outros. A postura, a forma como nos colocamos vai construir percepção, pois emitimos sinais. Então, buscar uma postura que passe a ideia de segurança, de entusiasmo, de vontade de interagir: isso vai contagiar o interlocutor. E só tomar o cuidado com o excesso de confiança. Pessoas que parecem confiantes demais podem resvalar na arrogância, numa certa prepotência, e aí não é legal. Então, o cuidado para ser natural, autêntico, sempre trazendo o foco nessa questão: estou interessada em interagir com você.

CONVERSAS SUPERFICIAIS

Sardenberg – Hoje há muita comunicação, mas tem conversa, de fato?

Leny – Tem muita oportunidade de troca, mas as trocas não acontecem efetivamente. Fica tudo num terreno superficial. As pessoas batem o olho e já compartilham, até comentam muito por cima, mas não há conversa de fato.

S – Tem até alguns sites que te dão a possibilidade de, em alguns segundos, se arrepender. Você vê, compartilha: "Ai meu Deus, não era isso que eu queria"...

Cássia Godoy – Como fazer para estabelecer uma conversa?

L – Eu vi um TED muito interessante da americana Celeste Headlee falando sobre isso. Ela aborda uma pesquisa com 10 mil americanos adultos, feita pela Pew Research, que constata que as pessoas estão polarizadas de uma forma inédita. Estão menos propensas a ceder, a ouvir o outro. Isso é muito grave, porque acabamos tomando decisões no nosso dia a dia baseados em que já acreditamos, que já sabemos. Isso aumenta muito o risco de errarmos. É frequente a exclusão de pessoas da nossa rede social com as quais não concordamos. Nem discutimos, nem trazemos alguma questão, simplesmente apagamos e continuamos acreditando naquilo que já sabíamos.

C – O ruim é que a gente vai vivendo numa bolha, com pessoas que têm a mesma opinião da gente.

L – Cada vez com menos oportunidade de crescimento.

S – É que tem umas barbaridades, não?

L – Sim. Mas não é tudo. Cabe o nosso cuidado de olhar com atenção, de nos predispor a acolher, pelo menos para dar o nosso julgamento sobre aquilo. A pesquisadora nos conta que, além de as pessoas estarem muito inquietas, com pouca vontade de ouvir, quem fala também precisa ter alguns cuidados para que haja uma conversa saudável.

S – Quem fala também não está querendo ser ouvido?

L – E é um negócio tão maluco, que a pessoa está falando alguma coisa e, enquanto o outro está escutando –

e deveria escutar com atenção –, ele já está pensando na resposta que vai dar. Não entra efetivamente na relação de comunicação. Celeste dá algumas sugestões: que a gente esteja presente mesmo naquela relação. Não dá para a gente ser multitarefa. Se a gente está aqui conversando, não dá para o outro estar olhando celular, o outro vendo se chegou e-mail, o outro pensando na morte da bezerra. Ela diz que a gente tem de considerar que existe algo a aprender. Quando não é assim, acaba gerando uma limitação, por preconceito nosso, de ouvir o outro. Então, ouvir considerando realmente aquilo que está sendo dito. Que a gente faça perguntas abertas. Senão fica aquela coisa: "você acredita nisso? Sim ou não?".

C – Ou a pessoa já dá as alternativas para gente: "Você acha que é A ou B?". Se eu achar C, não tem chance ali.

L – Exatamente. E tem a sugestão de a gente evitar a repetição. Porque também, quando a gente não reflete sobre aquilo que quer contar para o outro, a tendência é de ser prolixo. Começa a fazer rodeios, porque parece que a gente está elaborando a ideia naquele momento. E aí desanima, ainda mais nesse mundo rápido em que a gente vive. Cabe elencar as mensagens que pretende passar e organizá-las de uma maneira interessante. Ela sugere também evitar os detalhes, porque às vezes não vão mudar a história e vão cansar a pessoa que escuta.

C – Quando vê, o outro já está pensando em outras coisas.

L – É. Começa a descrever a roupa e o outro fica naquela ansiedade. Na prática, o recado principal é a gente manter a boca mais fechada e a mente mais aberta para que possa haver esse relacionamento.

MOSTRAMOS A IMAGEM EM QUE ACREDITAMOS

Leny – Há pessoas que se sentem fracassadas. Gente que, em diferentes situações da vida, pessoais, de relacionamento, de família, de amigos e situação profissional, sente-se sempre preterido. Os relacionamentos não funcionam do jeito que espera. Então, se autodefinem como fracassadas.

Sardenberg – Mas tendo consciência disso, é possível se comunicar bem?

L – Me chamaram a atenção para essa consciência e essa autoestima comprometida. Nós mostramos aquilo em que acreditamos. É muito forte a emissão de sinais nessa linha. A nossa imagem é muito impactante para aquilo que vamos mostrar para o outro. Aquilo em que acreditamos transforma a nossa forma de nos expormos. Por exemplo, se eu estou aqui insegura com vocês, não estou sabendo muito bem o que vou dizer a respeito do tema, eu vou me encolher, começar a falar mais baixo, a articular mais ou menos. E começo a gerar para os ouvintes a impressão de que não estou muito certa do que estou dizendo. Isso, obviamente, vai gerar uma reação de desinteresse, uma certa desconfiança. Essa reação negativa das plateias que temos na vida acaba se reforçando. É um círculo vicioso.

Guy Winch, psicólogo norte-americano, diz que nós normalmente damos pouca atenção ao que ele chama de "feridas emocionais". Tendemos a valorizar muito os problemas físicos. Se você chega "ih, tô com uma dor de cabeça", a gente diz "ah, tem um remedinho, tenta fazer tal coisa", a gente acolhe. Mas se você chega e "hoje estou meio deprimido", qual a tendência? "Ah, bola pra frente, isso não é nada". Isso faz com que a ferida emocional traga efeitos de médio e longo prazos mais devastadores, pela falta de atenção que damos. Ele coloca três feridas emocionais mais frequentes: solidão, rejeição e fracasso, que é o tema do nosso papo de hoje. Ele conta que a nossa mente reage à sensação de fracasso de modo diferente. Ele observou um grupo de bebês na mesma situação. Colocavam um brinquedinho atraente um pouco longe da criança. Parte dos bebês olhava para o brinquedo e chorava. Enquanto outra parte fazia tentativas de chegar ao brinquedo. Tentava engatinhar, se aproximar, apontava, chamava a atenção. É a mesma situação, algumas pessoas se colocam numa mentalidade de crescimento, de tentar buscar.

S – Mas já bebê? Então o fracassado já vem de lá.

L – Teoricamente, sim. Existe uma condição inicial que pode favorecer mais uma situação ou outra. É claro que, no decorrer da vida, se começamos a nos sentir mal numa determinada situação e a contestar eventuais crenças que tenhamos, podemos superar. As pessoas tendem a ter uma mentalidade fixa ou de crescimento, como já vimos. Quem tem mentalidade fixa, aceita que nasceu daquele jeito e chora, desiste e realmente não vai conseguir, porque nem se coloca na condição de tentar. Já a pessoa que tem a mentalidade de crescimento vai buscar estratégias para conseguir. E aí ela se modifica.

Cássia Godoy – Quando a gente pensa numa pessoa que tem uma autoimagem tão negativa, a gente imagina que o ideal é que começasse algum processo de autoconhecimento, até para pensar o que é sucesso e o que é fracasso para ele. Mas, enquanto esse processo se desenrola, o que dá para fazer para tentar melhorar a comunicação, mesmo que se tenha uma ideia muito ruim a respeito de si próprio?

L – Um ponto fundamental, na prática, é entender que a imagem que construímos se baseia em atitudes nossas, no nosso comportamento. Então, é comum que um pensamento leve a uma determinada atitude. Por exemplo, se eu me sinto uma fracassada e chego aqui insegura, os outros identificam esse fracasso e deixam de me dar atenção, o que reforça a minha crença. Nós conseguimos, voluntariamente, construir uma atitude comunicativa mais positiva. Eu estou aqui apresentando um projeto meu para as pessoas e preciso ser convincente, não estou lá muito segura, mas vou buscar desenvolver uma atitude comunicativa corporal, por exemplo, de quem está no domínio da situação. Vou buscar uma postura mais altiva, olhar vocês diretamente nos olhos, caprichar em ajustes de articulação, trazer a minha fala de maneira mais clara. Ao fazer isso, emito sinais mais positivos. Vocês têm a capacidade de ler esses sinais, mas não têm como adivinhar o que está na minha cabeça. Então, se eu me sinto nessa condição, primeiro, começo a combater essa crença negativa, a me desenvolver mais, a estudar, a aprender mais para ganhar essa segurança de bagagem; segundo, na hora H, procuro me concentrar para buscar o comportamento que preciso passar. Os pesquisadores mostram que essa é uma via de mão dupla. O nosso estado emocional impacta no nosso corpo, porém, a nossa imagem, o nosso comportamento também impactam no nosso emocional. A Amy Cuddy, psicóloga norte-americana, fala muito sobre isso. Se nos colocamos de uma forma mais convincente, a tendência é que passemos a nos sentir com mais segurança.

FUGIR DE EXPOSIÇÃO

Sardenberg – Há gente que tem vergonha de falar, de aparecer, de se expor.

Cássia Godoy – Num mundo que demanda que a gente se exponha tanto.

Leny – Lá atrás, quando tinha trabalho de grupo na escola, a gente sempre escolhia o coleguinha mais extrovertido para representar o grupo. Hoje a exposição é vista como uma competência buscada e de análise forte. Isso significa que quando evitamos situações de comunicação, nós já estamos nos expondo, e de uma maneira negativa. E nós perdemos oportunidades de mostrar o que somos, o que sabemos. O receio de falar é considerado um dos desconfortos mais frequentes no mundo. Quem fala está exposto e quem está exposto está sendo avaliado, julgado. Eu tenho um filho que é superenvergonhado, desde pequeninho, e ele dizia: "Mãe, eu quero fazer tal coisa, mas eu estou com vergonha". E eu dizia: "Ter vergonha é normal, o que você não pode é deixar de fazer por causa da vergonha". Eu vi um TED de uma norte-americana chamada Brené Brown, com o título de *O poder da vulnerabilidade*. A vulnerabilidade é a aceitação de que não somos perfeitos. Temos pontos fortes e fracos. E uma pessoa que tem vergonha tem medo de se sentir desconectada dos outros, de se sentir menos aceita. E que, ao contrário, as pessoas que são felizes têm esse senso de pertencimento porque aceitam as suas imperfeições, os seus pontos fracos como coisas normais.

S – Isso tem a ver com esporte. Um atleta que comete um erro, perde um gol facílimo. Tem jogador que perde e segue como se não tivesse acontecido nada. E tem outros que se abatem completamente.

L – É preciso entender que somos vulneráveis, que há momentos em que estamos melhores e aqueles em que estamos piores, e aceitar isso como uma condição inerente a todos. E seguir em frente, porque esse jogador que perdeu o lance importante pode cavar uma oportunidade no mesmo jogo, se ele se mantiver bem emocionalmente. A definição que a Brown traz é que vulnerabilidade é o centro da vergonha e do medo e da nossa busca por merecimento, mas também é a origem da alegria, da criatividade, do amor, que é a aceitação.

C – E de entender que você não precisa ser perfeito. Que eventualmente você pode falhar e que todo mundo é assim.

L – Claro. Se eu me sinto envergonhada e é necessário que eu me exponha, devo me preparar melhor do que seria o habitual para me dar mais segurança. Na hora da exposição, tenho de cuidar dos sinais que eu emito. Como envergonhada, a minha tendência seria falar mais baixo, falar para dentro, quase não mexer a boca. Aí estou sinalizando isso. Cabe uma fala num tom audível, bastante articulada, com sustentação de olhar, uma postura de alguém segura do que está dizendo. Desses sinais nós conseguimos cuidar e voluntariamente trazer. E aí é cuidar da questão interna e aceitar que somos vulneráveis, graças a Deus.

S – E o alívio quando você percebe que isso é assim mesmo.

C – Não tem nenhum problema, é uma característica.

L – Assim como outras pessoas têm outros pontos fracos, outros, pontos fortes. Nós temos talentos variados.

MEDO DE FALAR EM PÚBLICO

Sardenberg – Por que falar em público pode ser tão assustador?

Leny – Essa é uma preocupação bastante frequente nas pessoas, no mundo em geral. Quando estamos no palco, somos o centro das atenções, portanto, somos avaliados, julgados. E isso não é confortável. Agora, nós temos muitas vezes reações que nos atrapalham na hora H. A primeira recomendação é a preparação. Um preparo melhor sempre contribui para que na hora eu me sinta mais segura e confiante. Segundo, tenho de entender que, independentemente do que está se passando na minha cabeça, é a minha atitude comunicativa que vai sinalizar para os outros o meu estado. Afinal, cerca de 90% dos sinais psicobiológicos de tensão, de nervosismo, não são percebidos pelo outro! Quando abrimos a boca para falar e sentimos frio na barriga, aquilo para nós assume uma proporção absurda. Só que ao saber que aquilo está ocorrendo dentro de mim e que o outro nem sempre identifica, conseguimos nos concentrar em cuidar da nossa postura, da nossa atitude. Por mais que dê vontade de nos encolhermos e olharmos para baixo, a recomendação é manter as costas eretas, olhar para as pessoas numa postura de abertura. Abrir a boca, caprichar na articulação também constrói a ideia de alguém mais seguro e confiante. Isso gera uma reação positiva no público. Não dá para se livrar da adrenalina circulando no nosso corpo, porque é uma reação ao estresse.

Uma pesquisa analisou o seguinte: pessoas tomaram adrenalina sem saber e depois de um tempo teriam de relatar o que estava acontecendo com elas ou como estavam se sentindo. Dividiram essas pessoas em dois grupos. Num grupo, um pesquisador camuflado como participante se levantou e disse: "Estou me sentindo muito alegre, parece que estou muito de bem com a vida". Houve uma quantidade imensa de relatos semelhantes na descrição do grupo. Já no outro grupo, um sujeito que também era parte da pesquisa se levantou e disse "estou sentindo muita raiva, muita raiva mesmo". Nesse grupo, grande parte das pessoas descreveu o que sentia como sendo raiva. A conclusão é de que, muito mais do que a resposta fisiológica para a mesma adrenalina, o modo como as pessoas interpretam o evento é preponderante e faz mais diferença do que a própria ação do hormônio.

S – A adrenalina acelera a alegria ou acelera a raiva.

L – Sim. Veja, a percepção é mais importante do que a fisiologia, porque depende da interpretação. O que é uma dica ótima. Se eu vou me expor em público, olho para a plateia e penso: "Ai, meu Deus, estou morrendo de medo, como vou me sair?", vou interpretar esse evento como algo ameaçador para mim e vou ter os sinais todos demonstrando isso. Se, ao contrário, eu olhar para a plateia e disser: "Nossa, que superoportunidade, vou encantar as pessoas", já verei de uma outra maneira. Os pesquisadores dizem que a melhor forma-pensamento para esse momento é "estou empolgado". O senso comum diz assim: "eu tenho de achar que não estou nervoso, se eu achar que estou nervoso, vai ser pior". Então a pessoa fica "não estou nervoso, não estou nervoso". Isso não funciona. Primeiro porque o cérebro não entende a negativa. Ok, se não entende a negativa, então "estou tranquilo, estou sereno". Também não rola. Por quê? Uma pessoa que está exposta, falando em público, não pode estar tranquila e serena demais. Ela tem de estar ativada, se sentir proativa, dominando as coisas. Os pesquisadores notaram que na forma "estou empolgado", a mente interpreta a agitação de modo positivo, o corpo obedece e construímos a percepção de alguém que está seguro do que está dizendo e obtém melhores reações da plateia.

NAS REDES SOCIAIS

Sardenberg – É comum adolescentes e mesmo adultos se comunicarem exclusivamente pelas redes sociais. É um vício? É normal?

Leny – O mundo está se transformando de um jeito muito rápido. Entre 2012 e 2015, o tempo de exposição das pessoas na internet via celular triplicou, aumentou para 3h43. Era 1h18. Dentre os *millennials*, que são os jovens, esse tempo é de 4h. E tem uma pesquisa que atualiza esse dado. Em 2017, o tempo do brasileiro passou a ser o maior do mundo: 4h48. Os top 5 são: Brasil, China, EUA, Itália e Espanha.

Cássia Godoy – Por que essa comunicação pela rede social tem sido tão atraente?

L – Temos o atendimento a algumas fantasias das pessoas. A pesquisadora Sherry Turkle tem um TED fantástico chamado *Conectados, mas sozinhos*, em que explica que temos algumas fantasias em termos de relacionamento. E que as redes sociais nos permitem atender a três delas. Ela diz que temos a fantasia de podermos controlar o nosso meio. Quando você manda uma mensagem do seu celular no meio de uma reunião de trabalho, tem a sensação de, apesar de estar lá de corpo presente, está controlando onde está a sua atenção. E é real. Às vezes, a pessoa vai num velório e está mandando mensagens. Ou seja, está abstraindo daquela tristeza.

A segunda fantasia diz respeito à nossa necessidade de sermos ouvidos. Quando você compartilha alguma coisa numa rede social, sabe que alguém, onde quer que esteja, pode estar te ouvindo naquele momento. A terceira fantasia é "nunca estou sozinho". Na rede, gero uma impressão, que é falsa, de que estou interagindo com as pessoas. Mas é um problema sério, porque as pessoas estão perdendo a capacidade de conversar. Eu questionei um jovem: "Por que você acha tão bacana?". Ele respondeu: "Quando eu falo nas redes sociais, sinto que posso apagar alguma coisa que coloquei, posso aumentar, posso modificar". Ou seja, tem essa sensação do controle, que na conversa a gente não tem.

S – Então todo mundo vai se comunicar desse jeito, mas é preciso ter cuidado e acompanhar os adolescentes. Faz uma combinação: "Uma hora sem celular".

L – Perfeito. Bolar atividades, momentos do dia de interação real mesmo. Criar umas regras. Porque o apelo é imenso, os benefícios são muitos, mas temos de levar em conta que o contato interpessoal nunca deve ser substituído.

Saúde e bem-estar

174

INIMIGOS DA VOZ

Sardenberg – Quais são os inimigos da voz?

Leny – Existem três inimigos poderosos: o cigarro, que é altamente lesivo para as cordas vocais, produz pigarro, faz com que a pessoa tenha um foco de irritação na garganta. O álcool também é um inimigo da voz. Tanto o destilado quanto o fermentado desidratam a corda vocal. É interessante tomar mais água para compensar. O álcool destilado – o do uísque, vodca, conhaque, cachaça –, além de ressecar e desidratar as cordas vocais, enrijece a mucosa. A voz acaba ganhando uma aspereza, uma rigidez maior.

Agora, o inimigo mais frequente e que as pessoas muitas vezes não têm consciência é o uso errado da voz. É a pessoa usar a voz forçando a garganta. A voz é produzida na laringe, um tubo que temos no pescoço, onde estão as duas cordas vocais, que são pequeninhas; quando produzimos a voz, elas vibram e o som é muito delgado, muito débil e precisa ser amplificado. Nós amplificamos a voz na garganta, na boca e na cavidade nasal, de preferência de modo equilibrado. E depois articulamos esse som, a partir dos movimentos da boca. Algumas pessoas jogam muito o foco da emissão para a garganta, criando uma sobrecarga. Por exemplo, estou agora falando com você e usando um ajuste mais equilibrado e articulando mais aberto. Quando eu jogo o peso da minha produção de som mais para a garganta, ela faz o trabalho de três estruturas. Nós acabamos fazendo isso quando nos sentimos desconfortáveis numa situação de comunicação, quando estamos mais inseguros, e muitas pessoas desenvolvem esse padrão como hábito, como uma maneira de usar a fala. Uma analogia é como se o nosso corpo fosse um carro que estamos dirigindo com a primeira marcha engatada. Imagine que você ligou o carro, saiu, esqueceu-se de trocar de marcha – e o seu carro não é automático. O que acontece? Você tem um baita esforço e uma diminuição importante da eficiência. Quando você tem um aparelho fonador que funciona com sobrecarga e faz com que aumente essa demanda, é como pegar esse carro e andar todos os dias em primeira. A sobrecarga é muito grande e isso pode lesar as cordas vocais.

S – Quais são os cuidados que temos de tomar?

L – Devemos hidratar bastante bem o nosso corpo, sempre, em todas as circunstâncias. Evitar hábitos nocivos como o cigarro, o grito, imitar vozes. Tomar cuidado para equilibrar a ressonância e dividir essa sobrecarga e fazer com que a voz aconteça de forma mais natural. E ficar atento, qualquer alteração de voz deve ser pesquisada, deve-se buscar um diagnóstico.

S – Se a pessoa ficar com a voz mais rouca, convém desconfiar.

L – Isso. É claro que, se você está rouco porque ficou resfriado ou foi torcer pelo seu time, há uma relação de causa muito clara, mas qualquer rouquidão acima de 15 dias, sem uma causa específica, deve ser avaliada para que se identifique a causa.

S – Agora, se o sujeito vai ao campo de futebol e fica berrando com o juiz o tempo todo...

L – Ele vai ficar rouco. Qualquer alteração de voz sem causa específica, imediata, precisa ser investigada. Se eu grito no campo de futebol, durmo, descanso e depois de um, dois dias, eu melhorei, foi um trauma daquele momento e acabou. A novidade é que o Ministério da Saúde passou a reconhecer problemas de voz como doenças relacionadas ao trabalho. E isso traz uma série de ganhos nessa conscientização, porque começa a trazer mais ações de prevenção, de promoção de saúde, de vigilância. Por exemplo, por vezes, professores dão aula em lugares que são extremamente barulhentos, muito empoeirados, em condições que vão prejudicar o uso da voz.

S – Pode ser desde uma irritação até um tumor.

L – A doença mais grave é o câncer de laringe. A rouquidão é um dos primeiros sintomas do câncer de laringe. Então, devemos estar atentos. Não é porque você está rouco que vai se alarmar. Mas se ficar rouco várias vezes, sem uma causa específica, precisa dar uma olhada. Normalmente os problemas de voz na nossa sociedade são vistos como algo menor: "Ah, é normal a voz ficar rouca". Se é uma mulher, a voz rouca é sensual, se é homem parece uma voz de machão. Na realidade, a rouquidão é sintoma de que algo não vai bem. E, como todo sintoma, precisa ser avaliado. O trabalho de conscientização é para que as pessoas, ao perceberem qualquer alteração de voz, busquem um atendimento médico – um otorrinolaringologista, de preferência – para fazer um diagnóstico. Pode ser desde uma forma errada de usar a voz até uma lesão importante. A preocupação é com a lesão mais grave, que é o câncer de laringe, que muitas vezes demora muito a ser diagnosticado justamente porque as pessoas acham que a rouquidão vai passar, que é uma coisa transitória.

"R" SEM ERRO

Sardenberg – Há quem não consiga pronunciar corretamente o "R" entre vogais. Exemplos: "Araraquara" sai com som de "Aguaguaquagua". E o sobrenome "Kyrillos" sai "Kiguillos", o "G" vai no lugar do "R". Qual o distúrbio na fala que ocorre nesse caso? Tem correção? Ou é preciso simplesmente evitar palavras com "R"?

Leny – Ficar procurando sinônimos é comum, mas às vezes não tem um sinônimo adequado para dizer exatamente aquilo que a pessoa pretende.

S – Nomes próprios, por exemplo, não têm jeito. A questão é de que tipo de distúrbio se trata e se tem solução?

L – É classificado como distúrbio articulatório. Quando nascemos, não sabemos falar absolutamente nada. As crianças adquirem os sons numa sequência que não é aleatória. É uma sequência igual no mundo inteiro, que vai do som mais fácil e mais visível gradativamente ao som mais difícil e menos visível. Nessa linha, todo bebê do mundo começa falando "mamã", "papá", "babá", que são sons bilabiais. A criança amamentada normalmente exercita a musculatura de lábio e ela produz muito facilmente. O som do "R" é um som de última aquisição, porque é muito difícil. A gente tem no português, primeiro, o som do "R" de "rato", que é falado com a parte posterior da garganta, como "rua" e "carroça". Esse não é tão difícil, mas como ele é escondido, a criança tem dificuldade. A mãe fala: "Olha, o rato!" e a criança re-

SAÚDE E BEM-ESTAR 179

produz: "u-ato". Ela não enxerga o som lá trás, mas depois de um tempo, por tentativa e erro, ela acaba fazendo o som certo. Na sequência, chega o som do "R" de "barata". Esse não é tão escondido, ele acontece com a vibração da ponta da língua, mas é um movimento que exige uma coordenação muito boa da musculatura da língua. Então, o som de "barata", "careca", "areia", no início, a criança omite. Ela fala "ba-ata". Passa um tempo, ela começa a perceber que tem um som lá. É muito comum que, por exemplo, ela use uma vogal no lugar, "baiata", depois muda para uma consoante mais próxima, "balata". "Havia uma balata na caleca do vovô". A expectativa é de aquisição desse som por volta dos 3 anos de idade, e o tempo máximo é aos 4 anos. Com a estimulação tão grande da criança cada vez mais cedo na escola, a aquisição também é cada vez mais cedo. É muito importante que as pessoas falem bastante com a criança, para darem o modelo, e da forma correta, sem infantilizar, porque elas aprendem imitando.

Agora, algumas pessoas levam um tempo maior para isso, muitas vezes por algum problema físico. Por exemplo, um freio de língua curto pode dificultar a elevação da ponta da língua. Nesse caso de trocar o "R" pelo "G", é possível que a pessoa tenha uma diminuição do freio da língua ou uma maior rigidez que dificulte a elevação da língua. E também é provável que tenha uma dificuldade de controle dessa musculatura. São duas condições bastante frequentes na clínica fonoaudiológica em geral. Existe tratamento, a gente consegue melhorar bastante esse padrão.

S – E quem fala: "Eu adogo uma história, adogo uma fofoca, adogo um assunto..."

L – Tem o "R" distorcido. E o impacto é muito negativo. Normalmente, quem fala errado o "R" são as criancinhas. Mas se uma pessoa que não é uma criança fala esse som errado, a associação imediata é com características infantis. A gente logo pensa em imaturidade, em pouco preparo, em falta de profissionalismo, que são características negativas. Vale a pena buscar um atendimento, porque é algo que pode ser trabalhado, pode ser tratado e a resposta é bastante positiva. E a pessoa não precisa ficar limitada a essa condição ou sofrendo com essa dificuldade.

S – Tem correção mesmo quando é um problema físico?

L – Sim. Em casos de freio da língua mais curto, às vezes é necessário avaliar em conjunto com um otorrino, com um dentista, para verificar o quanto que essa limitação está comprometendo. Às vezes é um freio mais fibrótico, mais duro, mais rígido, e com exercício se consegue ganhar uma flexibilidade maior e produzir uma emissão mais precisa, do ponto de vista articulatório.

S – Resumindo: é um problema e tem solução?

L – Tem solução e vale a pena corrigir porque conviver no seu dia a dia preocupado em evitar palavras, procurar sinônimos, é muito ruim. O mais interessante é colocar o foco naquilo que queremos dizer, nas nossas ideias, nos nossos sentimentos, nas nossas intenções.

CADÊ O SONO?

Sardenberg – Dormir pouco é um problemão? O que é ficar privado do sono?

Leny – É um problema quando a pessoa dorme menos de seis horas por dia. Algumas pessoas têm uma necessidade maior de sono e outras, uma necessidade menor. Mas, do ponto de vista científico, a referência que se costuma usar é esse tempo de seis horas. Esse é considerado o mínimo necessário para que a pessoa se desenvolva bem. Há uma série de fatores que se alteram com a privação de sono – e muitos deles têm a ver com comunicação.

S – Quais são os desastres provocados pela falta de sono?

L – O que acontece quando a pessoa tem apenas uma noite mal dormida? Varou a noite trabalhando, tomando café. A pessoa fica mais faminta, com vontade de comer mais, e alimentos mais calóricos. A sensação é que a pessoa com sono se sente mais fraca, sem energia.

S – Ela deveria dormir. Não dá para dormir, come.

L – Exatamente. E busca alimentos mais calóricos que dão a sensação de sustentar. Chocolates, frituras. Se isso se mantém por mais tempo, a pessoa engorda. Outra característica é que a pessoa com uma noite sem dormir fica mais propensa a sofrer acidentes, existe uma diminuição importante da coordenação motora. Se ela estiver dirigindo um carro ou operando uma máquina, pode ser prejudicial. Os dados apontam que há uma piora na aparência, o que tem a ver com comunicação. As pessoas sem dormir se tornam menos atraentes, menos abordáveis. Se para mim é interessante que o chefe me aborde, eu vou estar numa condição que não me favorece, com uma expressão de tristeza ou de pouca energia. O que não é interessante, pois a comunicação, que é um processo dinâmico, contagia. Outra questão é o risco maior de desenvolver resfriados e outras doenças, porque o sistema imunológico fica enfraquecido. Tem uma pesquisa, realizada com 15 homens, que mostra perda de tecido cerebral. Uma pessoa privada de sono também fica propensa a reagir de modo mais emocional. Dados mostram que os centros cerebrais ficam 60% mais reativos na pessoa insone. Você fala alguma coisa para mim que me deixa chateada, se eu estiver insone, vou ficar muito chateada e vou reagir. Você me irrita por alguma razão, se eu estou sem dormir, já parto para a briga. Isso tem impacto imenso na comunicação. Imagina numa situação de negociação.

S – Você varou a noite preparando a negociação. Chega lá, não adiantou nada.

L – A pessoa perde as estribeiras e não resolve o assunto.

S – Isso vale também para quem vai fazer prova.

L – Às vezes, a pessoa conhece, estudou por muito tempo o assunto, mas varou várias noites e fica predisposta a reagir de uma maneira mais intensa. Não se lembra de uma resposta e começa a chorar no meio da prova. Outra condição é que a pessoa fica menos focada e com problemas de memória. E a gente vem falando que é importante definir previamente as mensagens e manter o foco de maneira proativa para ter eficiência na comunicação. E, ainda, dificulta a aprendizagem de coisas novas, porque o cérebro não está preparado para isso. Isso no curto prazo. Se a privação acontece de modo mais frequente, no longo prazo, a pessoa perde a boa condição de saúde. Aumenta a obesidade, o risco de AVC, de infarto, de câncer, diminui a fertilidade, uma série de coisas. Não adianta se preparar e não dormir direito.

DICAS QUENTES

Carolina Morand – O verão é uma época complicada para a voz. A gente fica muito tempo no ar-condicionado, entra e sai, tem o choque térmico, bebe muita água gelada.

Leny – É uma época complicada e na qual aumenta muito o índice de pessoas com problemas respiratórios, por uma série de fatores. No calorzão, as pessoas não suportam ficar em ambiente fechado, que não tenha boa ventilação, é muito comum o uso do ar-condicionado até de uma forma abusiva. No carro, deixamos mais frio ainda. O ar-condicionado age retirando a umidade do ambiente e assim diminui a temperatura. Só que ele não faz seleção, ele diminui a umidade do ambiente e a umidade do nosso corpo também. Pessoas mais sensíveis sentem incômodo nos olhos, na pele, e a voz acaba se alterando. As cordas vocais precisam de água para funcionar de maneira adequada. A secura prejudica a vibração. A voz sai com uma característica diferente, configura esforço, fazemos mais força para tentar compensar. É importante tomar mais água do que o habitual e vale a pena hidratar de uma maneira direta, com aplicação de soro fisiológico nas narinas para manter essa região mais umidificada. Há também alimentos e bebidas que retiram água do nosso corpo, por exemplo, café. Então, quando tomarmos café, é recomendável aumentarmos a ingestão de água para fazer a compensação. O álcool, nesse sentido, também é muito negativo, pois ele resseca o nosso corpo e as cordas vocais.

C – A temperatura da água influi? Água gelada faz mal ou isso é um mito?

L – O problema efetivamente é o choque térmico. Teoricamente, o gelado em si não é problema, mas existe uma sensibilidade individual. Algumas pessoas se sentem mal e não conseguem tomar água gelada. Outras não têm problema. Meu filho, por exemplo, adora mastigar gelo, e eu não suporto. O que é universal é que o choque térmico deve ser evitado, porque ele produz um desgaste grande de energia no aparelho respiratório e, por tabela, do aparelho fonador. Por exemplo, se você gosta de tomar cerveja gelada, vale a pena colocar o primeiro gole na boca e esperar um pouco antes de engolir para aproximar a temperatura daquela a que o seu corpo está mais habituado. Vale a pena antes de mergulhar no mar, na piscina, ficar na sombra, colocar um pouco de água nos pulsos, molhar a nuca, aquelas coisas de vovó que ouvíamos e que são muito verdadeiras. Se a pessoa está na rua, vale a pena ficar um pouco na sombra antes de entrar no ambiente com ar-condicionado. Se for um profissional da voz, convém colocar um lenço no pescoço, algo que possa quebrar o choque térmico. Chegou lá dentro, depois de alguns minutos, pode tirar tranquilamente.

C – Geralmente, a pessoa faz o contrário, chega com calor e vai para a frente do ar-condicionado.

L – No carro também. Entra e liga o ar. De início, é melhor não colocar o ar direcionado para o rosto. Colocar mais para cima para ir se ambientando. Outro risco em relação ao ar-condicionado são os ácaros. É muito importante que os filtros sejam trocados regularmente, pelo menos a cada seis meses, que seja feita a limpeza, a cada dois meses, para melhorar a qualidade do ar que sai desse aparelho. No calor, é comum as pessoas irem mais a festas, beberem mais álcool, dormirem menos, com o ruído do ambiente, acabam falando mais alto e não percebem. E o corpo cobra um preço. Então, é interessante tomar certos cuidados.

O PERIGO QUE VEM DO FRIO

Sardenberg – Você falou dos cuidados com a voz no verão. Com o inverno e o ar mais seco, os perigos são maiores?

Leny – Sim. Quando chega o inverno, alguns riscos aumentam. Nos prontos-socorros, o número de pessoas com problemas respiratórios é bastante grande, é a época de mais resfriados e gripes.

S – Eu sou uma vítima. Todo ano eu tenho alergia, a garganta fica raspando.

L – É um clima que favorece a incidência de resfriados, gripes, laringites, sinusites, faringites e rinites. Por vírus, bactérias ou mesmo por alergias.

S – A poluição é mais forte também.

L – A poluição fica mais suspensa no ar. É uma época em que chove menos em algumas cidades, como São Paulo, os poluentes ficam prontos para invadir o nosso aparelho respiratório. E qualquer coisa que atinja o aparelho respiratório vai produzir impacto na voz. A nossa voz é produzida utilizando elementos do aparelho respiratório. A laringe, que é o tubo onde estão as cordas vocais, é parte do aparelho respiratório. O nariz, por onde entra o ar para funcionar como caixa de ressonância, é do aparelho respiratório. É claro que vai alterar a voz. É um período em que os hábitos se modificam. No verão, o programa é ir para a rua, ficar ao ar livre. No frio, tendemos a ficar em ambientes mais fechados.

S – Mais poeira.

L – É o momento em que resgatamos do guarda-roupa cobertores, edredons, agasalhos que ficaram guardados muito tempo. Aumenta muito a incidência de alergias. Uma dica boa é arejar esses objetos todos. Antes de usar o casaco, o cobertor, de preferência lavar ou pelo menos deixar pendurado ao ar livre. Outro ponto importante é evitar choque térmico. É muito comum nessa época ficarmos num ambiente protegido e sairmos para a rua sem o devido cuidado. Uma dica, especialmente para quem usa a voz profissionalmente, é o uso de cachecol, de lenços no pescoço. E é desejável que o tecido dessas peças não seja lã. Queremos o efeito mecânico de proteção, que o vento não atinja forte.

S – A lã é ruim?

L – Quando você coloca um cachecol de lã, produz um superaquecimento. Se você ficar em casa, vendo televisão, ok. Mas se você coloca e num determinado momento vai tirar, causa um choque térmico enorme. Por exemplo, os nossos jornalistas vão para a rua gravar reportagens e vão todos protegidos. Na hora de gravar, eles tiram para não ficarem cheios de roupa. Foi gerado um calor grande pela lã, na hora que tira, o vento frio acaba provocando um choque térmico e o corpo se desgasta. É muito importante também, apesar de não sentirmos sede, cuidarmos da hidratação. De preferência, líquidos quentes, que fazem a vasodilatação e dão mais sensação de conforto na garganta.

S – E evitar os gelados?

L – Os gelados, se for pensar em termos de choque térmico, fazem até menos mal, porque você não está suado como no verão e vai tomar aquela cerveja gelada. Teoricamente, gelado faz menos mal no inverno do que nas altas temperaturas, porque o contraste é menor. Mas o benefício dos líquidos quentes é muito maior nessa estação. Esta também é uma fase do ano em que tendemos a dormir mais encolhidos, mais contraídos por causa do frio. O corpo mais contraído dificulta a nossa expressão, a nossa comunicação não verbal, os gestos, os movimentos que fazemos. A orientação, em especial para quem usa a voz profissionalmente, é, logo ao acordar, fazer movimentos de alongamento, espreguiçar para manter a flexibilidade. Para que o corpo demonstre um maior conforto, em vez de ficar todo encolhido, com uma fala entrecortada.

MUDA VOCAL

Sardenberg – A voz muda. No caso de crianças que são potenciais artistas, como fazer?

Leny – Isso pode gerar certa insegurança da aceitação da voz adulta. A Sandy e o Júnior, por exemplo, começaram a cantar criancinhas, cresceram, se desenvolveram, a Sandy seguiu em carreira solo cantando, o Júnior também. O que acontece de maneira geral é que, até mais ou menos os 10 anos de idade, as vozes das crianças são muito semelhantes e as cordas vocais têm de seis a oito milímetros. Na adolescência, acontece um fenômeno chamado muda vocal, dentre outras transformações do corpo, como aparecimento de pelos, crescimento das glândulas etc. Essa muda vocal aparece de forma muito mais evidente nos meninos. Entre os 13 e os 15 anos, acontece um crescimento acentuado da laringe e as pregas vocais dos meninos chegam a medir de 17 a 21 milímetros. Com isso, a voz ganha um tom mais grave. Nas meninas, essa mudança é mais sutil, ocorre entre 12 e 14 anos e as cordas vocais vão a 11 a 15 milímetros, em média. A voz da menina também vai se agravar, porém, de forma menos evidente que a dos meninos. É um momento de cuidado dos pais, dos professores de canto que conduzem essas crianças, para que essa mudança ocorra da maneira mais confortável possível.

S – No caso das pessoas que não são cantores, isso vai naturalmente? Os rapazes ficam meio incomodados, porque a voz fica flutuando, vai do agudo para o grave.

L – Os rapazes passam por uma fase de grande instabilidade mesmo. É comum que o menino abra a boca e não saiba se vai sair a voz mais grossa ou a voz mais fina. Isso gera insegurança. Costuma ser uma fase passageira, curta, e muitos homens nem têm a lembrança da fase da muda vocal. Porém, existem algumas alterações em relação à muda vocal que podem acontecer. Por exemplo, meninos que vão levar um tempo maior para fazer muda. Então, ele vai ter seus 17, 18 anos e a voz ainda agudizada, o que gera problemas emocionais e sociais importantes, porque a nossa voz nos representa.

S – O que faz esse menino?

L – Ele deve procurar ajuda. E a primeira coisa que se faz é verificar se existe algum problema hormonal, justificando essa falta de desenvolvimento. Mas, na maior parte dos casos, o desenvolvimento é normal e o que acaba acontecendo é um problema comportamental, muitas vezes motivado por razões emocionais. Às vezes, o adolescente tem dificuldade em crescer, em assumir responsabilidades. Nesse caso, desenvolve tensão muscular exagerada ao falar, o que eleva a posição da laringe no pescoço e agudiza a voz. É importante as pessoas conhecerem esse processo e ficarem atentas.

ENVELHECER COM SAÚDE

Sardenberg – Mick Jagger, dos Rolling Stones, é uma lenda. É magro, dança, se mexe, tem uma energia danada o show todo e a voz dele continua a mesma. Ou será que é só o microfone?

Leny – Aqui tem um ponto interessante. Quando construímos uma reputação, as pessoas já vão com uma boa expectativa e uma vontade de gostar. Como você falou, ele é uma lenda. Então, para muitas pessoas, é um sonho ver um show ao vivo dos Rolling Stones. Mas é claro que o Mick Jagger tem uma história que valida a competência e o profissionalismo dele.

S – O ponto é: como uma pessoa chega à idade dele com uma voz daquela?

L – Uma pessoa que tem cuidados com o corpo, que faz atividade física, se alimenta direito, vai envelhecer com um corpo melhor do que uma pessoa sedentária, que come mal, que fica obesa. Com a voz acontece o mesmo. Profissionais da voz – cantores, atores, que atuam profissionalmente usando a fala –, quando têm consciência, conseguem desenvolver cuidados para se manterem bem. Em primeiro lugar, o cuidado com a saúde em geral. A voz está refletindo a saúde do nosso corpo. Ele é magro, então tem cuidados com a alimentação.

S – Eles tinham fama de usar drogas e álcool. Pelo jeito, resolveram parar com isso.

L – Resolveram parar e resolveram compensar o desgaste por meio de exercícios, de cuidados, de técnicas. Tem a questão física, corporal, e tem o cuidado específico com a voz, por meio de exercícios, de uma boa hidratação, isso ajuda a manter a saúde vocal por mais tempo. A partir dos 45 anos de idade, começa a haver um processo natural de envelhecimento da voz. E podemos interferir para melhorar esse padrão. Cuidados com a alimentação, que deve ser saudável, boas horas de sono e a prática de exercícios físicos ajudam muito! Tudo o que melhora o nosso estado físico, o nosso bem-estar, impacta e beneficia a nossa voz. Exercícios vocais são extremamente benéficos e devem ser orientados por fonoaudiólogos. Fazer aulas de canto também é essencial, além de ser uma delícia! Hoje as pessoas têm uma longevidade profissional muito maior e vemos professores, palestrantes, oradores com uma idade mais avançada que conseguem se manter bem. No caso dos Rolling Stones, é claro que a empolgação das pessoas nos shows, que foram para cantar junto, os recursos tecnológicos e a amplificação do som contribuem para eles se apresentarem de maneira tão positiva.

CANTO LÍRICO

Débora Freitas – Há muita criança que gosta de música, mas música clássica é mais raro, não é?

Leny – Não é muito comum. Mesmo a potência de voz para a música clássica não é algo que a gente vê tão frequentemente em crianças. Há algum tempo, uma reportagem de um programa da TV Globo trouxe uma menina de 13 anos, Bruna Gimenez dos Santos, para São Paulo, para ter contato com um grande tenor brasileiro, Thiago Arancam, e foi sensacional. Os dois cantaram juntos, o que para ela foi uma grande emoção. Nem parecia uma menina de 13 anos cantando. Era uma música da peça *Turandot*, de Puccini. Algumas coisas chamam a atenção. Primeiro, a música, em especial o canto lírico, tem um potencial de encantamento absurdo. A gente se envolve. Já existe uma ideia de que a voz é como um abraço sonoro. No caso de uma voz tão limpa, tão clara, tão projetada, tão bem colocada, esse abraço sonoro chega a emocionar realmente. Outro ponto é que, quando Thiago Arancam chegou de surpresa no quarto de hotel da menina, ele já tinha aquecido a voz, porque sabia que ia fazer essa surpresa para a Bruna, mas ela, não. Sem ter feito aquecimento vocal e mesmo muito emocionada por ter visto o Thiago, ela foi capaz de cantar. Mas a gente sempre chama a atenção para a importância de aquecer a voz, cuidar, fazer exercícios, utilizar técnicas.

D – A gente que trabalha com a voz sabe da importância do aquecimento para que a voz saia limpa e chegue com mais qualidade para o nosso ouvinte. Agora uma coisa interessante é a potência exigida no canto lírico. Em óperas, a gente não vê microfone.

L – É verdade. Eles precisam de um apoio respiratório importante. O canto lírico é um trabalho profissional mesmo. As pessoas treinam, ensaiam, isso exige um esforço, um envolvimento muito grande. No caso da Bruna, isso vem acontecendo desde cedo. Ela está com 13 anos, saída recentemente da fase de muda vocal. E nesse momento da adolescência, a voz passa a se comportar de maneira diferente. A voz da Bruna já se caracteriza como de soprano. No canto, as mulheres têm caracterizações de voz do mais grave ao mais agudo, de contralto, mezzo e soprano. A voz de soprano é a mais aguda feminina. Nos homens, a classificação envolve voz de baixo, barítono e tenor. O Thiago é tenor, tem uma extensão mais privilegiada nos tons agudos, ele consegue esse alcance todo. O tipo da nossa voz constrói percepção. Nas óperas, de modo geral, as pessoas com vozes mais graves, como os contraltos femininos e os barítonos masculinos, acabam fazendo papéis mais sérios: o padre, o juiz, a madrasta, a pessoa mais velha. As sopranos e os tenores geralmente fazem os heróis da história.

D – A gente vê os casos da Bruna, do Thiago, mas tem muita gente que tem vontade de cantar e fica "será que eu consigo?". Existem técnicas vocais, não é?

L – Todo mundo é capaz de cantar. Se a pessoa tem a voz saudável, ela consegue trabalhar por meio de técnicas e de exercícios para garantir um padrão de emissão que se mantenha por bastante tempo. O que a gente vê são pessoas que se aventuram por essa história e acabam forçando a voz, usando técnica inadequada e aí a longevidade da carreira acaba comprometida.

GAGUEIRA

Sardenberg – A gagueira começa na infância?

Leny – Começa a se manifestar na infância. É muito frequente que as crianças, quando estão adquirindo a fala, hesitem, bloqueiem, repitam sons. É natural em várias crianças e passa. Em 5% da população, que equivale a 10 milhões de brasileiros, esse evento não se resolve espontaneamente. No mundo, atinge 55 milhões de pessoas. E 1% dessas pessoas acabam gaguejando de forma crônica pela vida e não buscam tratamento. É preocupante porque, de todos os problemas de comunicação, a gagueira constrói uma percepção muito forte. Desde a infância, provoca *bullying*, a criança se sente retraída, evita situações de comunicação.

S – Pode ser difícil pronunciar o próprio nome ou dos colegas. No desenvolvimento normal de fala, os sons relacionados ao "R" são os de aquisição mais tardia. A criança leva mais tempo para aprender porque são sons mais difíceis, como vimos. Pronunciar "Pedro", por exemplo, é complexo porque além do "R" tem encontro consonantal. São sons mais difíceis para qualquer pessoa, claro que para quem tem gagueira isso se manifesta de forma mais evidente.

L – A Sociedade Brasileira de Fonoaudiologia faz várias campanhas de esclarecimento. Grande parte das pessoas não sabe que a gagueira pode ser tratada, e nota-se uma evolução bastante interessante nas pessoas que vão para um trabalho fonoaudiológico. Até porque, socialmente, a gagueira traz bastante problemas. As pessoas tendem a associar fluência de fala com fluência de pensamento. Essa relação é verdadeira quando positiva, ou seja, uma pessoa que fala de forma fluente seguramente tem uma fluência de pensamento. Porém, quando a pessoa tem a fluência alterada de fala, ela pode não ter alteração na fluência do pensamento, mas o outro a lê dessa forma. O fardo de quem tem gagueira é pesado, porque ele é visto como alguém que tem dificuldade de organizar os pensamentos, que tem rebaixamento intelectual, e isso é muito negativo.

S – E para a pessoa é um drama, porque ela pensa numa fluência e fala em outra.

L – Com a ajuda necessária, a pessoa consegue se apropriar do controle da sua produção de fala. E isso faz com que ela possa conviver de forma bastante satisfatória, melhora a autoestima, a pessoa começa a ter interesse em interagir com o outro e esse é um ganho imenso. O tratamento fonoaudiológico utiliza técnicas e exercícios específicos para melhorar a fluência da fala. Aborda trabalhos corporais e vocais, lida com a respiração, com o processamento auditivo das informações e com a organização do pensamento. Crianças que passaram pela fase da gagueira fisiológica, por volta dos 2 a 3 anos de idade, e mantêm a disfluência devem procurar ajuda, assim como os adultos, em qualquer faixa etária. Todos se beneficiam muito do trabalho fonoaudiológico. E passam a se colocar socialmente no mundo de forma muito mais positiva!

O TRABALHO DO FONOAUDIÓLOGO

Sardenberg – Como é que se forma um fonoaudiólogo?

Leny – Fonoaudiólogo é o profissional que estuda e trabalha com a comunicação de uma forma ampla. Existe o curso de graduação em Fonoaudiologia, existem as especializações nas diferentes áreas da Fonoaudiologia. Existe a pós-graduação: mestrado, doutorado. Vários níveis. Dentro das especializações, são abordadas as questões da audição, o uso da voz, a linguagem de uma forma geral, a aprendizagem na escola. É a comunicação no seu significado mais amplo.

S – Quando a gente fala "fono", muita gente entende que é só a fala, mas é muito mais do que isso.

L – Sim, envolve todas as características que compõem a comunicação. A fala, a audição – que vai desde a parte da acuidade auditiva até as questões de processamento auditivo, as formas que as pessoas entendem as informações – e a capacidade de a pessoa se expressar na sua magnitude, considerando aspectos da linguagem, da elaboração do pensamento. Comunicação é uma competência muito buscada. Quando nos comunicamos, construímos percepção. Desde a pessoa que tem um tipo de problema físico – alguma dificuldade na produção da fala, no uso da fala, algum problema de audição – até a pessoa que não tem nenhum problema físico pode se beneficiar com algum trabalho, melhorando o desenvolvimento dessa competência.

S – É uma coisa que se pode aprender, treinar e desenvolver. Porque tem o talento natural, uma boa voz, mas tem o aprendizado.

L – A fala é um comportamento aprendido e, como tal, é passível de mudança. O fonoaudiólogo trabalha auxiliando as pessoas, desde aquelas que tenham um problema instalado até as que utilizam a fala num meio de comunicação e que precisam de uma condição de excelência para transmitir a mensagem da melhor forma. Porque quando você constrói uma percepção positiva, de veracidade, de assertividade, de credibilidade, as pessoas tendem a ouvir com atenção e interesse. Hoje o fonoaudiólogo atua em diferentes áreas. Por exemplo, em escolas, ajudando a melhorar a formação dos alunos; em clínicas e hospitais, ajudando na prevenção de doenças, no tratamento e na reabilitação; nas emissoras de rádio e televisão, junto a atores, cantores. Um dado da Sociedade Brasileira de Fonoaudiologia: cerca de 10 milhões de pessoas no Brasil já tiveram problema de voz. É uma incidência bastante alta só dessa área relacionada ao uso da voz. A gente cuida da saúde e da expressividade da comunicação. Os Congressos de Fonoaudiologia, nacionais e internacionais, abordam pesquisas e teorias, técnicas para lidar com as diferentes características da comunicação e seus eventuais distúrbios.

S – E a questão da saúde coletiva?

L – São programas de saúde que envolvem grupos: de professores, de crianças, de idosos etc.

S – E como era de se esperar, muitos trabalhos sobre voz. E vamos destacar dois aqui: voz do professor e voz do idoso.

L – Desde que eu entrei na faculdade, professor faz parte de um grupo de bastante risco para desenvolver disfonia, uma alteração de voz, pelo uso abusivo da voz, em condições inadequadas. Muitas vezes, por causa dos baixos salários, os professores acabam pegando uma carga horária maior, trabalham em mais de um local. E nós estamos sempre preocupados em ajudar esse profissional a se sair bem. Há serviços de prevenção, de conscientização, de saúde vocal. Mas a gente vem notando cada vez mais um movimento na linha de conscientizar o professor para que a sua aula seja interessante. Ao se comunicar bem, ele consegue uma situação de resposta mais interessante em relação à turma. Dar aula já é cansativo, imagine dar aula num ambiente em que todo mundo conversa, fala ao mesmo tempo, há ruído externo. Esse profissional tem de se cuidar, há diversos programas que ajudam o professor a se manter bem. Estão disponíveis em vários sindicatos de professores no Brasil.

S – No site da Sociedade Brasileira de Fonoaudiologia, ele encontra orientação. Ao longo da minha vida escolar, eu me lembro de professores que mal falavam e havia professores cuja aula era um show. Lembro de professores que ensaiavam a aula no espelho.

L – E os alunos ouviam os professores com muito mais respeito. Essa é uma mudança que infelizmente acaba atrapalhando bastante. Mas a mensagem aqui, para professores e outros profissionais, é que se eles se prepararem para produzir uma aula que seja interessante, que atraia a atenção. Se usarem uma comunicação mais expressiva, vão conseguir prender a atenção, ter uma melhor condição em sala de aula e, com isso, forçar menos a voz.

S – E a voz do idoso? Que vai ficando mais velho e a voz vai fraquejando.

L – Existe um fenômeno chamado presbifonia, que é a alteração da voz com a idade. É um processo normal, não se trata de doença. Se a gente se dispuser a cuidar, garante um tempo mais longo de saúde, em geral, e da voz mais especificamente. Hoje há pessoas idosas muito mais atuantes do que antigamente.

NOSSA VOZ NOS ESCANCARA PARA O MUNDO

Sardenberg – Até pessoas com vozes belíssimas falham. Em uma cerimônia do Grammy, a cantora Adele teve um vacilo. Pediu desculpas e pediu para recomeçar a música. Por que esse tipo de problema acontece?

Leny – Ela parou no meio da apresentação, no momento em que estava homenageando o George Michael, cantando a música "Fast love". A Adele é muito sensível à emoção, às vezes ao nervosismo, à ansiedade. Primeiro, ela foi superpremiada. Ganhou disco do ano, música do ano, com "Hello", gravação do ano; na categoria pop foi melhor performance solo e álbum pop vocal. Concorria com Beyoncé e, no discurso de premiação, ela reconheceu muito o valor da concorrente dela. Chegou a dizer: "ela é a artista da minha vida". É bonito quando a pessoa reconhece o valor do concorrente. E o que me chamou a atenção é que, quando a Adele começa a cantar, dá para notar desde o início a questão do nervosismo, da tensão. A respiração entrecortada e, no vídeo, a expressão é de quem está muito tensa. E isso impacta na nossa comunicação. A nossa voz é muito transparente e nos escancara para o mundo. O nervosismo fez com que ela perdesse o fio da meada. Ela se sentiu insegura em relação à voz que ia sair, porque é uma música que exige uma colocação forte, uma projeção grande. Ela é ótima e dá conta, mas, com o nervosismo, foi prejudicada. Ela tem uma história que mostra uma sensibilidade com a emoção. Adele teve nódulos nas cordas vocais. O nódulo é uma lesão benigna diretamente relacionada ao uso tenso da voz. Parece ser um comportamento habitual dela. E me chamou a atenção para o impacto na respiração. O ar é o combustível da voz. Uma pessoa com dificuldade respiratória por causa da tensão deixa de se abastecer desse ar e vai falhar mesmo. Provavelmente ela ficou insegura.

S – E pediu para recomeçar antes de falhar.

L – Exatamente. Percebeu que poderia não dar conta do recado. E na hora em que para, ela é ovacionada, as pessoas acolheram, aplaudiram demais e ela se sentiu apoiada.

S – Quando você é transparente: "Olha, gente, pifei e tal...". E a Adele vai muito alto, tem potência. Isso pode abreviar a carreira dela?

L – Ela precisa cuidar. Neste momento, ela corre esse risco porque a gente identifica que ela está lá e de repente o corpo não obedece, ela fica insegura com a voz que vai sair. Quando isso é um comportamento habitual, se no dia a dia ela fala de uma maneira mais tensa, acaba concentrando o foco da emissão na garganta e faz um esforço maior, uma hora a musculatura não dá conta do recado. Ela já teve esse episódio da formação dos nódulos então é preciso que ela cuide desse aspecto para que tenha longevidade. Em quem vai dar uma entrevista ou vai subir no palco, é comum que bata o nervosismo. A orientação é: respire! Solte o ar, esvaziando os pulmões, respire profundamente porque aí se consegue um suporte melhor.

ALTERAÇÕES DE VOZ

Débora Freitas – A voz é tão importante que tem um dia mundial dedicado a ela?

Leny – Exatamente. O Dia da Voz foi criado em 16 de abril, num congresso sobre voz aqui no Brasil. A partir de 2003, passou a ser o Dia Mundial da Voz, com adesão dos EUA, de alguns países da Europa e da Ásia. E hoje é comemorado mundialmente. Em cada país, existe um foco maior de atenção. Aqui no Brasil, uma preocupação – e que motivou a implantação do Dia da Voz – é de conscientizar as pessoas. Você trabalha com a voz, fala com os ouvintes. Quando a pessoa tem uma alteração de voz, por menor que pareça, ela provoca reações e consequências muito ruins. Se a gente falar com a voz muito rouca, gera um incômodo nas pessoas. E parte dos brasileiros não tem essa consciência, deixa de considerar uma alteração de voz algo importante. Há problemas mais suaves, como uso forçado da voz, quando se vai ao estádio de futebol ou para uma balada ou pega um resfriado. Mas há causas mais importantes, como o câncer de laringe.

D – Essa consciência tem de fazer parte da vida de todo mundo, não só de quem faz uso da voz profissionalmente.

L – Quando um profissional da voz acorda rouco, já pensa: "Opa, o que está acontecendo? Hoje isso vai me atrapalhar no trabalho?". É mais comum que procure resolver o problema. Mas com as pessoas que não usam a voz profissionalmente, normalmente há um descaso. E a gente precisa entender que alteração de voz, disfonia, rouquidão não são normais. São sintomas de que algo não está bem. E é preciso identificar essa causa. O profissional indicado para fazer essa avaliação é o otorrinolaringologista, que vai examinar a laringe, as cordas vocais e fazer o diagnóstico. Às vezes, essa alteração é por causa de um uso inadequado. Num levantamento recente com professores municipais, por exemplo, a incidência de disfonia foi de 60%, autorreferida por eles. A voz deve ser utilizada de uma forma equilibrada. Mas, por várias razões, a pessoa pode desenvolver um comportamento de esforço. Eu posso falar com você jogando todo o esforço para a minha garganta, porque quero passar uma ideia de mais seriedade ou quero liderar as pessoas de uma maneira mais firme. Então, eu posso modificar a minha maneira de falar e sobrecarregar estruturas. Ao jogar o esforço para a minha garganta, ela vai fazer o esforço de, pelo menos, três estruturas: garganta, boca, cavidade nasal. E esse esforço pode produzir lesão.

D – Essa pesquisa se refere a professores da rede municipal de São Paulo?

L – Isso.

D – Numa sala com 30, 40 alunos, provavelmente têm de alterar a voz, falar mais alto.

L – Muitas vezes competem com ruídos externos, com barulhos do próprio ambiente. A gente quer que as pessoas se conscientizem de que, quando não se sentirem bem com a condição do uso da voz, procurem ajuda.

D – Você falou sobre possíveis causas da alteração, quando a pessoa tem de gritar ou está resfriada. Que mais?

L – As comportamentais, que têm a ver com o uso inadequado da voz. Lesões ou alterações nas cordas vocais, como um nódulo, um pólipo, um cisto. São várias afecções benignas que podem provocar a disfonia. E tem a mais grave delas que é o câncer de laringe, como vimos. Em grande parte dos casos, o primeiro sintoma é a rouquidão. Parte das pessoas deixa de valorizar esse sintoma e nada faz. E o tumor se desenvolve. Ele pode crescer mais para cima e começar a provocar dor para deglutir, a pessoa sente incômodo quando engole. Ou pode crescer para baixo e provocar dispneia, dificuldade respiratória. Às vezes, o sujeito vai procurar ajuda quando tem um desses dois sintomas e infelizmente o tumor já é grande, ocupa uma área maior, e o tratamento é mais difícil.

A VOZ DOS TRANSGÊNEROS

Sardenberg – Domingo teremos em São Paulo a parada LGBT e você, por uma feliz coincidência, está voltando de um congresso na Filadélfia, organizado pela The Voice Foundation, que discutiu cuidados com a voz profissional e um dos temas foi a voz da pessoa transexual. E qual é o problema com a voz?

Leny – A voz é uma das projeções mais fortes de nós mesmos. Às vezes, muito antes de o nosso interlocutor nos ver, ele ouve a nossa voz e começa a criar uma ideia a nosso respeito. No caso do transexual, existe o que os pesquisadores chamam de disfonia de gênero. A pessoa era do gênero masculino, modificou e passou a ter uma imagem feminina, nas roupas, na forma de se colocar e todos os cuidados. Na hora em que essa pessoa fala, muitas vezes a percepção ainda a relaciona ao gênero masculino. Uma voz mais grossa.

S – E inversamente.

L – Exatamente. E isso gera estranhamento. Da mesma forma que uma pessoa que se identifica como mulher vai achar ruim usar uma roupa masculina, também acha ruim mostrar uma voz masculina. No congresso, houve várias mesas de discussão, com diferentes tipos de profissionais: endocrinologistas, cirurgiões.

S – É possível mudar a voz e o tom?

L – Sim.

Cássia Godoy – Existem várias abordagens para isso?

L – Desde o uso de medicação, de hormônio. É comum um transexual feminino usar testosterona para engrossar a voz. E, ao contrário, um outro tipo de cuidado também. Existem técnicas cirúrgicas que mudam esse tom. Só que tom é um pedaço dessa proposta maior de comunicação.

S – Essa cirurgia é nas cordas vocais?

L – Isso. Existe uma cirurgia, chamada tiroplastia, que modifica o tamanho da corda vocal, a estrutura. Haverá mudança de tom. Agora, a cirurgia só é indicada em casos em que a proposta de trabalho fonoaudiológico não teve o resultado esperado. Não é a proposta que se faz logo de cara.

C – Até porque é um método mais invasivo, não é?

L – Exatamente. Quando a gente considera que o que constrói percepção é um conjunto de sinais, em que o tom é parte dessa história, cabe o cuidado de lidar com essas outras questões. Por exemplo: homens tendem a usar frases mais curtas. Com finalizações mais secas. A duração das vogais é menor. Vocês dois estão aí e eu falo: "Gente, a que horas vamos jantar hoje?". O Sardenberg provavelmente vai dizer: "Às nove". A Cássia provavelmente vai responder: "Às nooove". E essa questão da duração da vogal remete a uma maior ou menor objetividade. De maneira geral, porque estamos falando de estereótipos, o Sardenberg falaria "às nove" e não abriria espaço para negociação. A Cássia respondendo "às nooove" quase que estaria perguntando: "Está bom para vocês?". No uso de expressões, mulheres tendem a usar mais diminutivos e também atenuadores, como "eu queria", "eu acho", que diminuem um pouco o impacto do que vai ser dito, enquanto homens tendem a ser mais assertivos na sua comunicação. Mulheres falam mais sobre sentimentos, sobre emoção, têm contato visual mais constante, sorriem mais, usam gestos mais fluidos.

S – Mas se a pessoa transgênero se sente mulher, parte dessa percepção de si não é exatamente falar como mulher?

L – Só que muitas vezes essa pessoa teve um início de vida como menino, no caso, e foi educada e estimulada nesse sentido. Então, não se identifica com aquele padrão. Trocar roupa, o visual é mais fácil, porque você reconhece o padrão com que as mulheres se colocam e o "copia". Mas a voz tem o envolvimento muito grande de um período em que ela falava diferente. Nem sempre se consegue modificar isso com uma mudança de chavezinha. O trabalho fonoaudiológico auxilia nesse processo, nessa nova identidade.

S – São três alternativas: o tratamento hormonal, o cirúrgico e o fonoaudiológico. Sendo que, em qualquer caso, o fonoaudiológico é necessário.

L – É o que vai considerar a comunicação de uma maneira mais ampla, incluindo o verbal, que é o vocabulário, o uso de expressões; o não verbal, postura, gestos, expressão facial; e o vocal, no qual o tom é parte desse processo. Mas a gente também lida com articulação, com velocidade de fala, com intensidade, com duração de vogais.

S – A última dica é sempre procurar orientação especializada.

L – E faz toda a diferença, porque essa questão da identidade é muito forte. A pessoa que está assumindo uma identidade diferente tem de ser capaz de identificar os sinais que ela emite e de ser aceita dessa forma.

ESQUIZOFRENIA

Sardenberg – Uma pesquisa brasileira desenvolveu um método para o diagnóstico da esquizofrenia pela fala?

Leny – Pela fala. Pela análise do discurso dessas pessoas. A esquizofrenia é uma doença muito frequente, são cerca de 21 milhões de pessoas no mundo, 2 milhões só aqui no Brasil. E apenas metade dessa população é tratada. A outra metade nunca foi tratada, apesar de o surto psicótico ser algo complicado, que traz uma série de consequências.

S – E, se boa parte não é tratada, não é nem diagnosticada.

L – Existe uma expectativa de que, quando uma pessoa procura um serviço médico com uma queixa, com alguma suspeita de problema psiquiátrico, a tendência é de cerca de seis meses para que se feche um diagnóstico. É um tempo grande, em que a pessoa já poderia estar em tratamento.

S – E qual é essa pesquisa?

L – Foi feita pela Universidade Federal do Rio Grande do Norte, pelo Instituto do Cérebro, e o médico responsável foi o neurocientista Sidarta Ribeiro. O que eles fizeram? Como esse diagnóstico é bastante subjetivo, eles buscaram uma maneira de identificar coisas em comum. E perceberam que a fala do paciente esquizofrênico tem algumas características. A fala da gente, de maneira geral, varia com o conteúdo. A fala nos escancara para o outro, que percebe se estamos tristes, bravos, contentes. Essa variedade caracteriza a nossa fala como seres humanos. O paciente com problemas psicóticos, às vezes, vai ter dificuldade nesse discurso. No experimento do doutor Sidarta, eles pegaram um grupo de 42 pessoas, alguns que tinham tido surto psicótico e outros que não, o grupo controle, com cerca de 15 anos de idade, que é a média de quando começam a aparecer os sintomas. Esses sujeitos tinham de contar uma história a partir de três estímulos. Primeiro, de um estímulo mais positivo, que era a imagem de um bebê fofinho. Depois, de um tema negativo, que era um acidente de carro; e o terceiro, de um tema neutro, a imagem de uma rua vazia. Eles falavam por um período e eram registrados os 30 segundos iniciais. Gravaram, transcreveram e essas palavras foram analisadas por um programa de computador a partir de um modelo matemático que eles desenvolveram. E perceberam que a narrativa dos pacientes que tinham esquizofrenia era pouco complexa, curta e bastante fragmentada. Uma emissão mais encurtada, com mais pausas, com mais cortes, com trechos menores. Posteriormente, fizeram testes para confirmar ou não e identificaram acurácia em 92% dos casos, uma porcentagem altíssima.

S – O diagnóstico feito pela fala estava 92% certo?

L – Isso. Só para uma comparação, a mamografia tem 84% de acurácia. Então, é um método bastante promissor. Já está sendo estudado e replicado por pesquisadores na Austrália e no Canadá, e logo estará disponível para utilização em larga escala.

S – E foi publicado em revistas de prestígio. É um avanço, um gol da ciência brasileira.

L – E mostra o quanto a fala traz informações a nosso respeito. Não só o que falamos, mas como falamos.

PROBLEMAS DE COMUNICAÇÃO

Sardenberg – Dez por cento das pessoas no mundo têm, tiveram ou terão um problema de comunicação.

Leny – Se considerarmos que é uma porcentagem mundial, é fácil identificar que países subdesenvolvidos ou em desenvolvimento têm essa incidência ainda maior. Isso ocorre por falta de cultura a respeito da consciência sobre os problemas mais frequentes, pela limitação no número de pesquisas científicas e pela dificuldade maior de acesso ao diagnóstico e aos tratamentos. Na média, dá 10%, é bastante gente. Esse dado nos coloca a importância de essas pessoas serem atendidas, acolhidas. Quando o problema de comunicação é algo mais orgânico, como uma paralisia de corda vocal ou uma pessoa que sofre um acidente vascular cerebral, é importante a busca por atendimento. Mas, às vezes, o problema de comunicação é mais sutil. É a pessoa que tem dificuldade em se fazer entender, que é confusa no seu raciocínio, que tem dificuldade em atender às demandas da vida, da carreira. Quero complementar esse dado com outro, que considero muito alarmante, resultado de pesquisas americanas. Elas concluíram que pessoas com problemas de comunicação sofrem e praticam mais violência que a média da população.

S – Por que isso?

L – Se eu tenho dificuldade de me comunicar, consequentemente gero mais mal-entendidos. Quero dizer uma coisa e sou interpretada de outra forma. É fundamental desenvolver a capacidade de expressão, aproximando ao máximo aquilo que eu falo da minha intenção e daquilo que o outro entende. Se a pessoa tem algum problema e demonstra hesitação ou é prolixa, vai gerar mal-entendidos e despertar no outro sentimentos ruins. E pode sair de seu ponto de equilíbrio e praticar mais violência. Ou, ao contrário, ser vista como aquela que não consegue se explicar, não se faz entender e, com isso, sofrer algum tipo de violência.

Cássia Godoy – A gente percebe isso até em redes sociais. É muito frequente gente reclamando que os outros não interpretam bem o texto, não entendem o que a pessoa quis dizer.

L – Nestes tempos de superexposição, há que se cuidar. Especialmente quando a comunicação é escrita. Porque ela já é bem mais limitada.

S – Tem também a comunicação por voz no WhatsApp. Pode dar mais confusão ainda, não é?

L – Sim. Às vezes, por causa do uso de um tom inadequado, vou pedir o favor e faço isso de uma forma mais impositiva. Ou o contrário, eu preciso da ajuda do outro, mas não consigo pedir isso mais claramente, e ele não entende aquela necessidade. Não tendo a resposta que eu espero, isso pode me tirar do meu ponto de equilíbrio.

S – Fica a mensagem para as pessoas que têm esse tipo de problema, pensam que é um problema geral de relacionamento e pode ser uma dificuldade específica de comunicação.

L – Numa outra linha, quero chamar a atenção para a importância de a gente valorizar essas dificuldades, buscar prevenir problema. Por exemplo, tem um dado de uma pesquisa da Unicamp que avaliou crianças com dificuldade de desempenho na escola, na vida. E constatou que as que têm otites, que é algo frequente na infância, podem ter dificuldades no desenvolvimento da fala, da escrita. Muitas vezes, a gente deixa de valorizar um problema, acredita que é comum, "a criançada toda tem", deixamos de buscar ajuda e isso tem um claro impacto negativo. Crianças pequenas sofrem *bullying* na escola porque falam de um jeito inadequado, gaguejam, trocam letra. São condições que vão acompanhar a pessoa a vida toda. Comunicação é algo que nos representa. Quanto mais atenção a gente der a isso e buscar o cuidado, a orientação, o diagnóstico precoce, melhor.

CUIDADOS NO CARNAVAL

Sardenberg – Quem pula o Carnaval pode chegar na quarta-feira de cinzas no emprego com a voz em frangalhos?

Leny – É muito comum. Porque é uma fase de muito desgaste.

S – Tudo vai contra a voz, né?

L – Sim. A voz escancara a gente. O nosso estado físico, o nosso estado emocional acabam refletindo na maneira como nós falamos. É preciso ter alguns cuidados.

S – O pessoal vai tomar cerveja, vai tomar gelado. Vai pular, gritar.

L – Num ambiente muito barulhento. A gente compra o risco. Se todo mundo ficar quietinho em casa, não vai ter problema, mas também não é Carnaval. E você deixa de aproveitar o lado bom, que é a sensação da descontração, a alegria, a comemoração. Mas a gente tem de saber que, numa festa desse tipo, sempre vai ter muita competição sonora, o ruído é forte e compete com aquilo que a gente está falando. Então, a gente naturalmente tende a falar mais alto, vai cantar as músicas. E ninguém vai cantar baixo, não tem nem graça. Tem a fadiga corporal, porque a gente dorme menos, come mal. E também a fadiga da voz. Tem a questão do álcool, do gelado, e tem coisas até relacionadas à roupa, à fantasia.

Cássia Godoy – Que tipo de fantasia pode impactar a voz?

L – Nós temos duas áreas do nosso corpo muito solicitadas quando falamos. Uma, obviamente, é a região da garganta. Se a pessoa tem uma fantasia em que vai colocar algo apertado no pescoço, uma gargantilha, um colar, pode prejudicar. Outra região importante é a do diafragma, perto da cintura, que precisa estar solta para que a pessoa possa inspirar e ter o oxigênio necessário. E, às vezes, as pessoas usam espartilhos. O cuidado que não pode faltar é a hidratação. Por várias razões.

S – E hidratação não é cerveja.

L – Não. A cerveja dá uma falsa impressão de hidratação, porque é fresquinha. Mas é diurética, então, a gente perde água. Precisa hidratar, tomar bastante água. E dormir. Se chegou em casa de manhã, vá descansar. Procure se alimentar bem, com alimentos que deem energia, sem sobrecarregar o aparelho digestório. Até porque o diafragma é logo acima do estômago. Evite choque térmico. Vai tomar a cerveja gelada, é interessante deixar o primeiro gole um pouquinho na boca antes de engolir. Porque o choque térmico é pior do que a ingestão do gelado. Está suada, andou muito, espera um pouquinho. Às vezes entra num ambiente de ar-condicionado, volta para fora, transpira de novo e volta. Tentar evitar o choque térmico é importante. E quando for o caso de conversar, fale de pertinho, olhando para a pessoa, para que você consiga se comunicar bem.

S – E os profissionais, por exemplo, os puxadores de samba?

L – São profissionais que precisam motivar as pessoas da escola, a arquibancada, a cantarem junto. É um trabalho importante e exige uma preparação muito antes do Carnaval. Aqui em São Paulo, há os Atletas da Voz, um grupo de fonoaudiólogos especializado em preparar pessoas para o uso intenso da voz, em condições adversas. Eles trabalham com gente nessa condição e é um processo de meses de treinamento para melhorar o condicionamento. Cantar desse jeito, no meio da muvuca toda, com barulho, equivale a um atleta correndo uma maratona. E há que se ter uma preparação.

C – E tem também a expressividade: os gestos, o olhar. Isso ajuda a passar o enredo.

L – Sem dúvida. Essa expressividade é fundamental, porque a comunicação contagia. O puxador do samba está lá responsável por representar uma escola, por trazer as pessoas da escola junto dele e, quanto mais ele consegue se colocar de uma forma expressiva, mais ele terá o envolvimento das pessoas.

OS AUTORES

Leny Kyrillos é fonoaudióloga, doutora em Ciências dos Distúrbios da Comunicação pela Unifesp, especialista em voz pelo Conselho Federal de Fonoaudiologia e Personal & Professional Coach. Faz consultoria e assessoria de comunicação, é comentarista do quadro *Comunicação e Liderança* da rádio CBN, organizadora e autora de várias publicações, como o livro *Comunicar para liderar* (com Mílton Jung, lançado pela Editora Contexto), além de fazer palestras no Brasil e no exterior.

Carlos Alberto Sardenberg, jornalista com 50 anos de carreira, é âncora do programa CBN Brasil, além de ser colunista no jornal *O Globo*. É também comentarista econômico dos programas noticiosos da Rádio CBN, do "Jornal das Dez" e do "Em Pauta" da Globonews, e do Jornal da Globo (TV Globo). É um dos principais vencedores do Prêmio Comunique-se nas categorias Âncora de Rádio e Comentarista Econômico.

"Na era da desinformação, quem tem boa comunicação é rei. O bom comunicador joga luz à verdade, provoca reflexões, dissipa confusões e gera mudanças positivas. Leny Kyrillos é fonoaudióloga e também uma excelente comunicadora. As falas dela tocam nossa alma e nos guiam no caminho da comunicação mais clara, assertiva e saborosa."

Maria Júlia Coutinho, jornalista

"Leny aproxima a ciência ao cidadão e a usa para transformá-lo, enquanto Sardenberg traduz a complexidade das notícias para fazê-lo mais bem informado. No rádio, eles somaram suas competências no campo da comunicação para ajudar os ouvintes a serem líderes em suas carreiras. E agora, tornam esse conhecimento acessível também aos leitores."

Mílton Jung, jornalista

"Engana-se quem define Leny Kyrillos como uma especialista em voz. Ela é uma especialista em gente! Doutora de corpo, voz e alma. Generosa, ela nos ensina a falar, a ouvir, a conhecer e a descobrir o melhor de nós mesmos. Com leveza e precisão. Sua palavra acolhe, inquieta, chacoalha, faz pensar; depois acalma e ilumina."

Malu Weber, diretora de Comunicação
da Johnson & Johnson Medical Devices – América Latina

"Leny e Sardenberg mostram que são mesmo multiplataforma. Conseguiram transformar o bate-papo semanal na rádio CBN num texto didático e agradável de ler. Um verdadeiro guia para quem quer estar atualizado nos conceitos de comunicação e liderança e, assim, aprimorar sua vida profissional e até pessoal nesses campos."

Ricardo Gandour, diretor executivo de jornalismo da CBN

"Se já era bom ouvir Leny Kyrillos, à tarde, na CBN, no papo, no bom papo com Sardenberg e Cássia Godoy, imagina ter o prazer de ler essas conversas? São verdadeiras aulas, que servirão para o seu dia a dia, a sua vida, o seu entendimento sobre gestos, falas, sobre gente. Leny na rádio é como ouvir uma música suave, a melhor música. Em livro, é uma partitura dessa leve e deliciosa canção."

Guilherme Barros, jornalista e sócio da GBR Comunicação

"Comunicação é uma das competências mais essenciais para um profissional. Há aqueles com o dom natural da palavra, mas para alento da maioria a boa comunicação é uma questão de técnica. Aprende-se, pratica-se e pode, a cada dia, melhorar."

Rosangela Ribeiro, diretora do Grupo Printer de Comunicação

"Com Leny aprendemos que comunicação é encontro, e que para praticá-la com eficiência basta, além de ser verdadeiro, estar atento e se dedicar. Leny não só é craque como ensina com generosidade o muito que sabe."

Renata Lo Prete, jornalista

"Comunicar bem é um desafio diário e poder ler o valioso registro das conversas e sugestões desses dois especialistas é uma ótima oportunidade para refletir e melhorar."

Mara Behlau, fonoaudióloga, diretora do Centro de Estudos da Voz

"O bom líder é aquele que se comunica e se relaciona bem. A sociedade e os mercados relacionam essa capacidade de se comunicar às marcas e aos produtos, sob a batuta dessas lideranças. Esta é uma das principais reflexões nascidas do diálogo de dois craques do universo da comunicação brasileira, Leny Kyrillos e Carlos Sardenberg."

Paulo Nassar, diretor-presidente da Associação Brasileira
de Comunicação Empresarial (ABERJE) e professor titular da ECA-USP

"Leny Kyrillos alia sua excelente formação acadêmica à prática da comunicação. Aproveita os exemplos do cotidiano para explicar os conceitos mais complexos e importantes da arte de falar. Seus textos se transformam em aulas excepcionais, que tornam a leitura sempre atraente e prazerosa."

Reinaldo Polito, escritor e colunista

"Bons líderes necessariamente se comunicam muito bem, e não nascem assim, aprendem. Neste livro, Leny e Sardenberg nos dão ferramentas fundamentais para todo líder. Liderança e comunicação deveriam ser matérias obrigatórias para todos os profissionais. Leny e Sardenberg juntam esses dois temas de forma maravilhosa."

João Paulo Pacifico, fundador do Grupo Gaia,
apresentador da Rádio Globo e colunista da revista *Veja São Paulo*

"Leny é mágica. Consegue ver coisas que a gente não vê e resolvê-las como num passe de mágica. Devo muito à Leny por me ajudar a me comunicar melhor, falar melhor, transmitir meu pensamento de forma que as pessoas gostem e entendam."

Roberto Kovalick, repórter

"Recomendo às pessoas que buscam alta performance investirem mais tempo no desenvolvimento de suas habilidades de comunicação. Assim como em outras áreas, se aprofundar na técnica e o treinamento exaustivo levam à excelência. Encontrei na Leny minha guru nessa competência fundamental para um líder."

Paulo Moll, vice-presidente executivo da Rede D'Or

"Comunicar, liderar. Tarefas fáceis? Nãooo! Mas desenvolvendo as habilidades certas, seguindo orientações práticas, adotando um olhar profissional e cirúrgico para os impactos de tudo o que se comunica, é possível compreender esse desafio e obter sucesso. Para ajudar ouvintes e leitores nessa missão maravilhosa e colher os resultados capazes de transformar cenários, engajar pessoas e chegar lá, basta acompanhar a dupla de comunicadores Leny Kyrillos e Carlos Sardenberg."

Andréa Moraes, jornalista, especialista em comunicação corporativa
e diretora da Ketchum – consultoria de comunicação estratégica

"Leny representa a Fonoaudiologia de forma ética, competente e sempre atual. Sendo assim, a parceria com Sardenberg, jornalista experiente e muitas vezes homenageado pelo seu trabalho, não poderia ser mais efetiva. A temática deste livro é atual e necessária: registro das conversas do programa *Comunicação e liderança*, em que diferentes questões são debatidas e esclarecidas para um público ávido em ouvir e agora ler os comentários dessa dupla."

Léslie Piccolotto Ferreira, fonoaudióloga, professora titular
e coordenadora do Laboratório de Voz (LaborVox) da PUC-SP

"A diferença entre um bom técnico e um líder está na sua capacidade de comunicação. De forma prática, divertida e sem rodeios, Leny e Sardenberg mostram o caminho."

Samy Dana, economista, professor da FGV, comentarista e apresentador

"O diálogo não pode sair de moda nunca e, por isso, é muito importante a gente aprender a se comunicar com clareza, transmitindo as nossas ideias e podendo debater sobre os assuntos mais diversos. Reunir as conversas do programa *Comunicação e liderança* da Leny Kyrillos, uma grande amiga, em um livro é disponibilizar uma ferramenta poderosa para todos aqueles que veem a comunicação como uma ferramenta de transformação."

Tábata Amaral, deputada federal

"A Leny tem comando absoluto de todo o instrumental necessário para quem precisa comunicar-se de forma clara, objetiva e eficaz."

Henrique Meirelles, ex-ministro, secretário da Fazenda do Governo de SP

"Leny Kyrillos, uma das profissionais mais queridas e respeitadas do país, junta-se ao jornalista Carlos Alberto Sardenberg, admirado, premiado e adorado pela audiência, para, juntos, nos oferecerem boas histórias, *insights*, tendências e muita pesquisa. Uma oportunidade rara para tornarmo-nos líderes de nós mesmos neste mercado de trabalho volátil, incerto, complexo e ambíguo."

Marc Tawil, *head* da Tawil Comunicação,
comentarista da Rádio Globo e colunista de *Época Negócios*

"Sem comunicação, não há liderança; liderar é comunicar, melhor ainda quando feito por referência e não por autoridade. Esse é o caso desses dois craques que lideram e comunicam sobre os assuntos mais interessantes e contemporâneos. Sou fã e seguidor!"

Alvaro Fernando, escritor e palestrante

GRÁFICA PAYM
Tel. [11] 4392-3344
paym@graficapaym.com.br